모나리자 가격은 얼마인가?

모나리자 가격은 얼마인가?

김세형 지음

멈춘 생각을 작동시키는
65가지 이야기

매일경제신문사

머리말

나는 뭔가를 쓸 때 원칙이 하나 있다.

읽는 사람에게 도움이 되거나 재미있거나 둘 중 하나는 돼야 한다는 것이다. 안 그러면 바쁜 세상에 왜 남의 글을 읽겠는가. 내가 〈매일경제신문〉 편집국장을 맡을 때도 데스크들에게 그런 생각을 갖고 기획작품을 내달라고 했다. 대한민국 상위 1%가 무슨 생각을 갖고 있는지 알고 싶어서 경제연구소와 합동으로 일일이 주관식 및 객관식 설문을 500명 이상에게 돌려 기획기사 한 작품을 쓴 적도 있다. 지금 생각하면 기자들에게 미안하기도 하지만, 그런 탐색의욕이 〈매일경제신문〉을 좀더 신뢰받는 매체로 자리 잡게 했을 것으로 믿는다.

편집국 일을 마치고 논설위원으로서 내가 쓴 칼럼들 역시 이러한 원칙에 충실했다고 생각한다. 사실 그런 소재를 찾아 헤매는 일이 고통스러운 일임은 분명하다. 그래도 그게 본분인데 어쩌겠는가. 나는 딱딱한 이론은 별로 좋아하지 않고, 가급적 나만의 언어로 가장 단순명료하게 표현하는 걸 좋아한다. 그래서 이해될 때까지 반복해서 읽고 알기 쉬운 스토리라인을 개발하는 편이다.

이 책에 등장하는 저술은 아마 100권쯤 될지 모르겠다. 물론 독자가 이 책의 모든 아이템들을 끝까지 읽어내는 게 쉽지는 않을 것이다. 하지만 어느 정도 독파한다면 책 여러 권을 읽은 효과를 얻을 수 있을 것이다. 나는 생각의 힘을 키우기 위해 최대한 정신을 집중하곤 한다. 언론인으로서의 본능일지 모르겠지만, 나는 빤한 얘기가 싫다. 좀 궁리해 보고 싶다.

한번은 대학입시 논술시험에 모나리자의 그림가격이 얼마인지 묻는 문제가 나왔다는 기사를 읽은 적이 있다. 그런데 그 문제의 취지가 내가 쓴 칼럼과 같다는 사실을 발견했다. 나는 교수들이 좀 다른 접근법을 개발해보지 그랬을까 생각하면서도 반가웠다.

〈매일경제신문〉에 내 칼럼이 실린 날 핸드폰 문자나 카카오톡, 혹은 페이스북을 통해 잘 봤다며 소식을 전한 지인들, 그리고 해외 근무하는 대학동창들의 격려는 정말이지 고마웠다고 이 자리를 빌려 전한다. 처음 만난 기업 회장이나 사장, 레스토랑 주인, 혹은 사회 명사들이 "당신 칼럼을 잘 읽었다"고 하면 입인사인지 아닌지 저울질하면서도 '좀 더 천착해야겠다'며 다짐하게 된다. 이분들의 격려와 질책이 없었더라면 훨씬 무성의하게 지면을 메웠을 게 틀림없다.

내가 싫어하는 것이 두 가지 있다. 어떤 책을 대충 또는 몇 군데만 읽고 인용하거나, 잘 모르면서 얼렁뚱땅 글을 쓰는 일이다. 나는 아무리 두꺼운 책이라도 일단 뭔가를 인용하고 싶으면 구석구석 다 읽는다. 진짜 저자가 하고 싶었던 말이 뭔지 인내심을 갖고 살펴본다. 나폴레옹이 "전쟁에 이기려면 적의 눈을 쳐라"고 했는데 그 눈(目)을 찾고 싶은 것이다.

내가 한시도 잊지 않고 즐겨 꺼내는 또 하나의 화두는 글로벌 이야기다. 세계화의 종말을 외치는 반대시위가 전 지구촌에 울려 퍼져도, 전 세계 모든 소식은 분초를 다투며 우리의 귀에 도달한다. 어떤 자원이 어디에 있는지 유통비용은 얼마인지 계산이 훤하니까 돈과 사람이 광속으로 움직인다. 글로벌을 모르는 국민이나 기업은 뒤쳐진다. '통화전쟁, 무슨 일이 벌어지나', '중국과 일본, 투키디데스 함정', '프랑스를 닮지 마라', '노르딕, 천국의 비밀' 같은 칼럼이 그런 글이다. 나는 〈이코노미스트〉, 〈FT〉, 〈WSJ〉은 꼭 읽는다.

인간의 본성, 대중의 허드본능(Herd instinct)은 언제나 지나치게 즉흥적이어서 최종적 패자의 길로 빠뜨린다. 그래서 자산(주식이든 부동산이든)이 대중의 수중에 더 많이 있을 때는 결코 가격이 오르는 법이 없다. 내가 여기저기서 발견한 그런 주제들도 여러 칼럼 속에 녹아 있다. 그런 요소들을 발견해가면서 이 책을 읽어보는 것도 하나의 재미이리라.

1997년 제1회 삼성언론인상, 2012년 위암 장지연 언론상 수상경력으로 약간의 위안을 삼는다. 앞으로 좀 더 전문적인 글쓰기라는 도로(徒勞)를 마다하지 않겠다. 헨리 키신저 박사가 《중국이야기》라는 뛰어난 저술을 낸 게 89세 때였음을 상기하면서.

매일경제신문 주필 김세형

Contents

PART 02 경제를 읽는 눈
- 모나리자 가격은 얼마인가

PART 03 힐링, 대한민국 - 품격 있는 삶을 위해

PART 04 세계가 대한민국에 던지는 신호를 잡아라

PART 01

리더의 조건

...

성공한 사람의 특징

왜 항상 링컨 리더십인가?

1809년 2월 12일, 불멸의 인간 두 명이 태어났다. 에이브러햄 링컨과 찰스 다윈이다. 링컨은 국민통합 그리고 리더십의 표상을 우뚝 세운 인물이며, 다윈은 인간을 신(神)의 손아귀에서 이성의 주체로 독립시켜준 빛나는 존재다. 그런데 리더십 측면에서 미국 대통령 44명 가운데 왜 하필 링컨인가?

대통령 선거에서 겨룬 정적들(국무장관 윌리엄 수어드, 전쟁장관 에드워드 스탠턴)을 기용한 통 큰 리더십은 여러 차례 소개돼 새로울 것도 없다. 링컨의 방식이 빛나는 것은 무엇을 보고 일했느냐는 기준일 것이다. 미국 역대 대통령 업무수행 방식을 연구해 《대통령의 위기》를 펴낸 크리스 윌리스는 어려운 시기에 리더에게 가장 필요한 것으로 신념을 꼽았다.

사진 속 링컨을 보면 언제나 활짝 갠 표정은 아니어서 오늘날 기업

면접 기준으로는 낙방감이란 생각이 들 정도다. 그는 5년간 대통령직에 재임했지만, 악전고투의 연속이었다. 들끓는 정적은 늘 그를 비난했고 남북전쟁은 불리했으며 사생활도 편치 못했다. 백악관에 들어온 지 얼마 안 돼 둘째 아들 윌리가 장티푸스로 12세를 넘기지 못하고 사망하자 링컨 부인 메리 토드는 심한 우울증을 앓으며 헛소리를 해대 그를 괴롭혔다.

링컨이 노예 해방의 단안을 내린 1862년 9월 상황도 무척 좋지 않았다. 그는 수어드 국무장관, 웰스 재무장관과 함께 가다가 불쑥 "노예 해방 선언을 하면 어떨까요?"라며 의견을 구했다. 수어드는 한동안 숙고한 끝에 반대 의견을 냈다. "두 가지 이유에서 불리합니다. 첫째는 남군(南軍)과 벌인 7일 전쟁에서 패한 뒤 마지막 발악을 한다고 여겨질 것이며, 둘째는 영국이 기회가 왔다며 전쟁에 개입하려 할 것이기 때문입니다." 웰스는 아예 말문을 닫았다.

그러나 노예 해방은 링컨의 신념 문제였다. 1등 국민과 3등 국민을 나눠 놓은 상태에서 미국 통합은 불가능하다는 결론에서 나온 것이다. 그는 훗날 말했다. "결과가 좋다면 어떤 비난도 문제 되지 않아. 그러나 결과가 나쁘면 천사 10명이 변호해줘도 소용이 없겠지."

바로 이것이다. 미증유의 국난에 봉착해 상황논리에 휘둘리면 안 된다. 올바른 신념으로 국정의 한가운데를 관통하는 큰 방향을 정하면 지체 없이 밀고 나가는 신념. 그것이 위대한 리더의 요체임을 링컨은 알았던 것이다. 링컨은 정신없이 전개되는 남북전쟁 와중에 1861년 미국 동서횡단철도를 착공하는 일도 해냈다.

사실 이러한 신념은 조지 워싱턴이나 프랭클린 루스벨트도 보여줬다. 하지만 오늘날 링컨이 가장 많이 회자되는 이유는 그의 인간적인 면모 때문일 것이다.

《대통령의 위기》를 집필하면서 크리스 월리스는 다음과 같은 척도로 리더를 파악하고자 했다. "국가가 어려움에 처했을 때 권력을 유지하기 위해 눈치를 볼 것인가? 국가와 국민의 장래 이익에 충성할 것인가?" 그는 이내 쉽게 결론에 도달했다. 미국 대통령이나 주요 지도자들은 "참다운 리더라면 당파를 벗어나 국가에 충성했다"고.

오늘날 우리는 이 질문을 한국 정치지도자에게 던져볼 필요가 있다고 생각한다. 국가가 미증유의 어려움에 처했다고 말은 하면서도 그에 걸맞은 신념으로 행동하고 있는가.

광우병 촛불시위, 외환위기와 미네르바 소동, 그리고 국난 극복을 위한 개혁법안, 용산사태를 다루면서 무엇을 우선했는가? 여당 지도자들은 여론 눈치를 살피며 비겁했고, 야당 리더들은 촛불의 곁불이나 쬐면서 정략적 승기를 잡아보자는 식이었던 것 같다.

한국의 상위 1%

금융의 신(神)으로 군림했던 앨런 그린스펀이 자서전 중 '델포이의 신탁' 편에서 "세상이 이렇게 불평등한 상태로 계속 갈 수는 없다"고 예언처럼 쓴 바 있다. 당시 세계 1위 소득자는 대략 3조 원을 번 짐 사이먼이었다. 그는 르네상스 테크놀로지라는 헤지펀드의 운용자였다. 전 세계 70억 인구 중 40억 명이 하루 2달러 이하로 입에 풀칠하는데 한 명 소득이 3조 원이라니. 신은 인간의 오만(Hubris)이 극에 달할 때 번갯불로 내리친다.

2011년 가을 뉴욕 월가에도 번갯불이 떨어졌다. 금융인들의 탐욕을 목격한 실업 청년들이 "이건 공평하지 못해"라며 폭발한 것이다. 불똥은 태평양을 건너 시드니, 홍콩, 타이베이를 거쳐 서울에도 잠시나마 옮아 붙었다.

사실 여의도 금융가는 최고 연봉이 30억 원 정도일 것이니 수백억 원, 수천억 원을 독식하는 월가에 비하면 새 발의 피 정도다. '포천 500대 기업' CEO들은 대졸 초임의 360배쯤 받지만 한국은 잘해야 15배 정도다. 그런데도 시위대에 전 세계 400개 도시가 동참한 것은 양극화 격차가 너무 벌어졌기 때문이다.

《정의란 무엇인가》의 마이클 샌델은 "시장(Market) 만능주의가 윤리, 도덕의 영역까지 침범해 인간이 돈으로 사지 말아야 할 것까지 거래를 하고 말았다"고 말했다. 인간은 분명 그 무언가를 범(犯)한 것이다.

그런데 시위대는 왜 하필 1%와 99%로 갈랐을까. 대공황 때 은행에서 돈을 훔치다 붙잡힌 범인 셔튼은 "거기 돈이 있으니까"라고 말했다. 바로 그거다. 1%쪽에 자꾸 눈길이 가니까. 짐 사이먼 같은 인간들은 하는 일에 비해 너무 탐욕적으로 쓸어 담는다. 영국의 〈이코노미스트〉에 따르면 미국의 경우 상위 1%가 총소득의 23%를 가져간다. 영국은 14.9%를 차지한다. 그런데 30년 전과 비교하면 극소수가 챙기는 몫이 대개 3~4배나 늘었고 그 사이 세율은 반토막 이하로 떨어졌다.

뉴욕에선 성난 시위대가 머독을 비롯한 부호들이 사는 동네까지 들이닥쳤다. 사방에서 부유세를 말한다. 2011년 논의가 왕성할 당시 부유세를 자르는 연간 소득 눈금은 미국 12억 원, 영국 2억 5,000만 원, 프랑스 8억 원, 이탈리아 5억 원쯤이었다. 세율은 현행 최고세에 3%의 특별부가세를 붙이는 방식이며, 최고세율은 영국이 50%로 지상에서 가장 높다.

한국은 그해 말 3억 원 이상 버는 계층에 38% 세금을 매기는 것으로 갑자기 국회에서 방망이를 두들겼다. 사실 한국에서 부유세 주장은 파리나 런던에 비해 약한 편이다. 그러나 국민세금 170조 원가량을 공적자금으로 투입한 전력이 있는 은행 등이 제조업보다 고임금을 받는 것은 염치없는 짓이다.

그러나 나는 우리나라 금융계에 그보다 큰 죄(?)가 있다고 생각한다. 다른 산업들이 한국의 위상을 세계에 떨치는 동안, 금융업은 아무런 성취도 이룩하지 못했다는 점이다. 여의도 금융인들은 반성할 게 많다.

한편 한국 상위 1%의 몫이 선진국에 비해 얼마나 되는지, 그들이 세금 부담은 얼마나 하는지 궁금해 통계청, 국세청 등 백방으로 문의해 봤으나 한국은 그런 자료를 생산하지 않는다는 답변만 돌아올 뿐이다. 그런 식의 무성의한 답변은 자랑이 아니라 부끄러운 일이다. 만약 유럽과 미국 등을 휩쓰는 사회적 압력이 들어왔을 때 대통령이 어떤 정책을 펼지 전혀 준비가 안 된 것이다.

한국은 재벌이라는 특유의 구조 때문에 상위 0.1% 부의 편중이 세계에서 가장 심할지 모른다. 최상위계층은 국가를 건강한 방향으로 이끌 책임이 있다. 지금의 99% 대 1% 대결이 오래 지속될수록 한국 사회는 급속히 좌경화된다. 1%는 그것을 막아야 한다.

성공한 사람의 특징

《548일 남장(男裝)체험》이란 책은 대히트를 쳤다. 노라 빈센트란 여자는 책 한 권을 쓰기 위해 무려 1년 반 동안 남장 너울을 뒤집어썼다. 그러고는 남자들이 가본 위험해 보이는 모든 장소는 다 가보고 여자의 몸으로 남자를 시험해보았다. 심지어 모조 성기까지 가랑이 사이에 붙이고 위험을 감행했다고 한다. 작가는 콜걸과 데이트도 즐기고 조폭의 틈새에도 끼어봤다. 그녀가 내린 결론은 "남자는 자기 몸보다 훨씬 큰 (빌려 입은) 갑옷 아래, 벌거벗고 불쌍한 모습을 하고 있다"는 것이었다.

"물건을 팔려면 여자와 노인 그리고 뚱보에게 팔아라"고 했던 초일류 경영학자 톰 피터스의 책도 그렇다. 아파트나 자동차를 고르는 파워는 결국 여자에게 있다는 분석도 재미있지만 뚱보만의 시장이 따로 있다는 시각도 참신하다. 천하의 이야기꾼 말콤 글래드웰은 번쩍하고 머리를 스쳐 지나가는 생각을 주제로 《블링크》를 써내 수백만 부를 팔았다. 따지고 보면 이상의 저작물들은 남다른 상상력의 결과다. 캐나다 서커스 '퀴담' 성공과 같은 맥락이다.

이명박 전 대통령은 서울시장 재직 때 기자들에게 팁(Tip)을 하나 주겠다면서 "뚝섬을 잘 봐라"고 했다 한다. 심지어 세상 물정에 어두운 편인 필자도 그런 얘기를 바람결에 들은 적이 있었다. 그러나 그때까지만 해도 모두 강남제일주의에 빠져 "흥! 좀 웃기는 말씀이네"라고 흘려들은 것 같다. 두바이를 일으켜 세운 셰이크 무하마드의 기적도 상상력의 결과물이다. 상상을 상상 속에만 가둬놓으면 한낱 백일몽에 지나지 않을 것이다. 요체는 상상력을 현실로 바꿔 자신의 손에 황금을 움켜쥘 수 있게 하는 실천력이다.

박현주 미래에셋 회장이 《돈은 아름다운 꽃이다》라는 자서전을 써 필자에게 보내온 적이 있다. 대개 공짜로 얻은 책은 잘 안 보는 게 인간 습성이지만 10년여 만에 수천억 원의 재산을 일군 사람은 도대체 어디가 다른지 궁금해져 끝까지 정독했다. 정말 그에겐 '썸씽 스페셜'한 면이 있었다.

그는 시골에서 상경한 평범한 증권 샐러리맨이었지만 창업의 꿈을 잊지 않았다. 1980년대 중반 전국 1위 실적을 올리자 외국계 증권사가 연봉 10억 원을 준다며 불렀지만 가지 않았다. 당시 강남 아파트

50평짜리가 2억 원이었다니 얼마나 큰 돈이었는지 가늠할 수 있을 것이다.

외환위기 6개월 전에 회사를 설립한 뒤 회사채, 그 후 벤처기업에 투자해 큰돈을 벌었다. 남들은 위기라는데 그는 항상 '소수의 관점'에서 세상을 바라봤다고 기술하고 있다. 그야말로 남과는 다르게 한다는 주의다. SK나 LG 같은 굴지의 그룹들이 보험사, 투자신탁회사를 못하겠다고 거저 던지다시피한 것을 헐값에 사들였다.

그는 또한 미래학 서적을 탐독하고 항상 10년 후 어떻게 될까를 생각했다고 한다. 책을 출판해낸 후 흡족했던지 와인 한 잔 하자며 필자를 불러내더니 책 서문을 폈다. 펀드시대, 고령화준비 등등을 열거한 다음 "10년을 그렇게 왔습니다"는 부분을 손가락으로 가리키며 "이 부분이 가장 마음에 듭니다"라고 말하는 것이었다.

이처럼 그는 많은 연구를 했고 상상을 했으며 그것을 현실화시켰다. 자산운용사로서 외국에도 가장 먼저 나갔다. 자서전 내용을 보면 미래에셋이란 회사는 다른 증권사에 없는 아주 특이한 점이 여러 개 있었다. 사가(社歌)가 없다는 점도 재밌다. 다양한 아이디어가 필요한데, 군대처럼 같은 노래를 부를 필요가 없다는 것이다.

또 가까운 친인척이 원서를 내면 불이익을 준다고 한다. 미래에셋 펀드매니저는 두 가지 원칙을 지키게 돼 있다. 주중에는 절대로 술을 마시지 말 것, 그리고 주식거래 시간에는 휴대폰 사용이 안 된다는 점이다. 고객의 큰돈을 굴리는 사람은 절대로 맑은 정신을 유지해야 하며, 자기매매 유혹을 떨치도록 휴대폰을 못 쓰게 하는 것이다.

인간은 누구나 상상을 한다. 큰 성공을 거둘 수 있느냐의 갈림길은 현실로 구체화하는 방식에 달렸다.

마천루 지수, 마천루 인간

"어느 나라에 최고로 높은 건물을 짓는다는 청사진이 즐비하게 신문지상에 뜨면, 뒤돌아보지 말고 그 나라에 투자한 것을 판 후 전력질주해 도망가라"는 얘기가 있다. 역사적으로도 마천루 건설과 금융위기는 쌍둥이처럼 함께 다녔다. 인간의 오만을 기념하는 건축물을 짓고자 하는 열망에 대해 경제학자 마크 손턴(Mark Thornton)은 한 국가의 기술력, 야심, 부(Wealth), 세계 무대에 자신을 내세우려는 욕구 자체라고 표현했다.

바로 이런 특징 때문에 마천루 건설과 20세기 경제 주기는 함께 움직였다는 것이다. 되돌아보면 삼성물산이 세계 최고 높이인 811미터 부르즈두바이를 완공하지도 못한 채 두바이는 금융위기로 망하고 아랍에미리트에 손을 벌려 간신히 구명됐다. 그리하여 건물 이름조차 부르즈칼리파로 개명당하는 수모를 겪었다. 마천루를 막 건설할 즈음 그 나라에 황금의 바람이 불면, 조(兆) 단위 돈도 우습게 생각하여

24

M&A시장에 용감무쌍하게 뛰어드는 기업들의 만용이 나타나면 "파티는 끝났다"고 생각하라. 당신 혼자만 알지 말고 이 지혜를 자식들에게도 말해줘라.

건물을 차츰 지어 들어갈 때 돈은 모이지 않고 투자자들은 서서히 발을 빼며 가격은 떨어지기 시작한다. 용산, 상암, 송도에 들어선다던 마천루들이 지금은 다 어디에 갔는가. 마천루의 휘황찬란한 도면을 9시뉴스에 내보낸 회사만 바가지를 씌우고 도망갔을 것이다. 그들은 꾼들이니까 틀림없이 "저놈들 망할 것"이라고 낄낄거리며 내뺐으리라. 이런 일은 일찍이 1930년대 뉴욕에 엠파이어스테이트 빌딩을 건설했을 때부터 반복된 역사다.

어떤 사회가 성공을 과신해 세상이 동전짝 만하게 보일 때 "우리가 세계의 꼭대기에 올라섰다"는 자만을 표현하는 첫 번째 방식이 마천루를 짓는 것이다(《대중의 직관》, 존 L 캐스티). 이것이 바로 마천루지수다. 캐스티는 한국이 세계에서 두 번째 높은 건물인 '롯데월드타워123'을 짓는다는 데 참으로 결과가 주목된다 하였다.

이제 '마천루 인간'이라 적은 부분에 대해 말하고자 한다.

어떤 사람이 성공하면 갑자기 스타가 된다. 벤처기업가, 금융인, 혹은 대기업인도 마찬가지다. 그의 얘기는 파울로 코엘료의 연금술사가 돼버린다. 주인공은 산티아고로 돌변해 모두가 진실을 말하는 '황금의 입'에 귀를 기울이고 싶어진다. 그는 이제 세상의 재판관이고 주술사다. 공자이고 예수이고 콜럼버스다. 청년이든 주부든 학생이든 골드문트의 얘기를 목말라 한다. 그는 여기저기 강의에 분주하다. 그의 성공의 법칙을 설파하고 돌아다닌다. TV 단골손님이다. 신문칼럼란에 그의 성공스토리를 싣지 못해 안달이다. 그의 일갈은 곧 법칙이요, 뉴 노멀이다. 모시기 어려운 그를 정부청사 공무원들 앞에서도 강의할 수 있게 행사관계자들이 수모를 당해가며 간신히 무대에 세운다.

마침내 토요일 오후 청와대까지 간다. 그는 드디어 마천루에 올라간 인간이 됐다. 인간 마천루다. 모든 사람이 자신의 성공 법칙에 무릎을 꿇었다. 그는 청와대 강의실이 쩌렁쩌렁 울리도록 수석비서관, 행정관들을 훈계한다. "당신들도 뭘 좀 알고 정책을 만들어라" 질타에 머리가 어찔하다. 그 후 옆에서 조용히 보고 있던 감사원이 강사로 그를 모신다. 영악한 감사원은 혹 실수를 할까봐 청와대까지 간 인물 가운데 엄선해 강사로 초청한다는 말이 있다. 그래야 무슨 일이 일어나도 청와대 핑계를 대며 빠져나갈 수 있으니까. 그런데 극적인 반전이 여기서 전개된다. 한국판 연금술사의 최후다.

감사원에서 강의한 사업가 치고 망하지 않은 사람을 본적이 없다. 마천루의 끝에 다다라 그만 신이 내린 번개를 맞고 인간의 오만(Hubris)은 마침내 종말을 고한다는 것이다.

그렇다. 그는 도취하여 지껄이고 다녔다. 겨우 될까 말까한 사업을 제 궤도에 올려놓는 일은 소홀히 하고, 짧게는 1년, 길게는 2~3년간 자신의 사업장을 떠나 세상에 자신도 잘 모르는 얘기를 지껄이고 다녔다. 그는 검증되지도 않은 빈약한 자신의 생각을 철칙인양 떠들고 스스로 최고라며 자기최면을 걸었다. 또한 자신의 열등감을 보충하기 위해 미국 아이비(Ivy)리그 출신 MBA소지자나 그런 겉멋 내는 자들을 회사에 끌어들여 그들이 시키는 대로 했다. 성공이 그렇게 쉬우면 누가 못하겠는가. 그런 면에서 수천, 수만 명도 더 들끓었을 세객(說客)들의 세치 혀를 물리친 삼성 이병철, 현대 정주영 창업자의 줏대가 다시 보인다. 그들은 마천루에 오르려 하지 않았으나 진정한 마천루 인간이다.

GE후계자, 한국 공기업 CEO

동양과 서양의 최고 정신은 한 군데서 만난다. 인간행동에 관해 논어와 성서의 으뜸가는 양식은 "남에게 대접받고 싶은 대로 행동하라"는 것이다. 은혜를 입는 사람은 갚아야 한다. 박영준에게서 "다음 회장은 당신"이라고 전화 받은 정준양 포스코 회장은 '나는 저 사람에게 은혜를 입었구나'라고 생각했을 것이다. 박영준 뒤에는 영포라인이 있었다 하고 그들이 정 회장을 낙점했을 때는 동서양의 황금률을 어찌 염두에 두지 않았겠는가.

포스코는 이명박정부 아래에서 계열사가 40개 가까이 늘어났고, 박영준이 돈을 받았다는 명목으로 감옥에 들어간 파이시티 관련 공사도 포스코 건설이 수주했다. 뭔가 검은 연기가 피어오르는 것 같다.

2012년 5월에 일어난 폭로 사건으로 당장 정 회장의 명예는 실추됐지만, 차후 그런 일이 발생하지 않게 법·관행·제도를 고쳐야 문명인

28

이라 할 수 있다. 대통령 선거가 끝나면 큰 공기업인 포스코, KT, 한전 그리고 큰 은행의 회장 자리, 각종 공사의 CEO 자리는 전리품으로 여겨지고 승리자의 편이 차지해 왔던 게 추한 얼굴의 정치·경제사였다.

그러나 측근들이 농단한 증거가 숨소리까지 들릴 정도로 공개된 건 처음이다. 이명박정부 초반 청와대비서관이 공기업 대표들을 모아놓고 호텔에서 조찬모임을 하기도 했다. 우리는 이 사건을 접하면서 영포라인이 A를 CEO에 앉힌 후 벌어지는 일에 대해 추론을 이어가본다.

첫째, A를 앉힌 게 청와대의 뜻이라고 했다는데 청와대 누가 그랬는가. 그는 청와대의 이름을 팔아 국가기업을 자신의 영욕을 채우는 데 악용하지 않았는가.

둘째, 민영화돼 있어 주식을 갖고 있지 않은 포스코의 경영진을 청와대가 마음대로 정할 권한은 어디에 근거하는가?

셋째, A는 그 회사의 가장 유능한 적임자인가. 만약 그보다 더 훌륭한 인재가 밀려나면 기업이 보는 피해와 종업원 사기 저하는 어떻게 할 것인가.

넷째, 다른 공기업이나 은행 등에 발탁된 B, C, D, E 같은 회장들이 자신에게 적용된 황금률 작동자의 뜻을 알고, 특정 인맥을 우대하는 줄 세우기를 하다든가 다른 지역이나 경쟁자들을 내쳐버린다면 그 기업의 총체적 경쟁력은 추락하지 않겠는가.

이상 열거한 네 가지 의문들은 근거 없이 나열된 것이 아님을 이 글을 읽는 독자는 알 터이다. 여러 공기업 분위기가 인사문제로 폭발지경이라 한다.

아이폰을 만드는 애플(Apple)의 경우, 스컬리가 회장으로 있을 때와 스티브 잡스가 복귀한 후 벌어진 차이는 가히 천양지차였다. 똑같은 군대를 율리우스 카이사르와 안토니우스가 악티움 해전에서 지휘할 때의 차이는 흥망을 갈랐다. 리더의 차이는 이렇게 무섭다. 대기업 경영인도 기업의 성쇠를 가른다. 포스코 매출액은 2011년 40조 원에, 종업원이 1만 7,600명이다. 이런 큰 기업이 삐끗하면 나라경제가 휘청거린다. 한국 공기업 거버넌스는 이번 폭로 사건을 계기로 하나의 역사를 만들어야 한다.

GE처럼 후계자 프로그램을 만드는 일이다. 잭 웰치가 쓴 자서전을 보면 GE는 차기 회장이 될 만한 후보를 최소한 5년 전부터 명단을 만들어 여러 가지 사업 분야를 맡기면서 채점을 해간다. 1년 전부터는 후보군을 좁혀 치밀한 인터뷰를 통해 낙점한다. 한국 공기업 CEO 발탁과정에서 회사물정도 모르는 사외이사 몇 명이 간 보듯 시늉 인터뷰하는 것도 정말이지 엉터리다.

JP모건, 모건스탠리 한국 대표들의 말을 들어보면 새로 들어선 미국·영국의 금융CEO가 가장 먼저 하는 일이 후계 프로그램을 만드는 일이라 한다. 비행기 사고를 낼 수도 있기 때문이다. 몇 번 연임할지, 정년을 65세, 혹은 70세로 할지 그런 규칙도 제정한다고 한다.

이번 정준양 회장 사태가 거론된 걸 계기로 차기 정권은 그런 프로그램에 따라 운행해야 할 것이다. 정치꾼들이 아무런 권한도 없이 간여하면 엄단해야 한다. 혹자는 미국도 정권 탄생 사단에겐 전리품을 주는 관례가 있지 않느냐고 반문할 것이다. 맞다. 대개 별로 바쁜 일자리가 아닌 곳에 대사로 보낸다. 한국도 그렇게 하면 된다.

정몽구 5,000억 원 기부사건

2011년 초, 세상은 성장의 과실 분배에서 소외된 계층들이 런던, 텔아비브 같은 모범 도시에서까지 난동을 부린 사건으로 시끄러웠다. 분노(Indignation)의 시대였다. 그러자 다급해진 나머지 미국, 독일, 프랑스, 벨기에, 스페인, 이탈리아 등지에서는 "부자들이 세금을 더 내자"고 제안하기에 이르렀다.

당시 한국에서도 바람은 불었다. 정몽구, 정몽준 형제가 합쳐 7,000억 원의 기부금을 내놓겠다고 발표했다. 회삿돈이 아닌 개인돈을 내놓기는 처음이다. 이건희 삼성 회장 역시 통 큰 쾌척을 준비 중이란 말도 들렸다.

영국이 1601년 자선신탁법을 만든 걸 보면 기부의 역사는 400년이 넘었다. 그 오랜 역사에서도 카네기(철강왕)와 록펠러(석유왕)가 단연 최고봉이다. 1904년, 1912년의 일이다. 두 사람은 회사를 처분해 전액 기부했다. 특히 당시 록펠러는 단연 세계 최고 부자였다.

누구도 그들더러 기부를 하라고 압력을 가한 적이 없었다. 더구나 두 사람은 경쟁사업가를 무자비하게 무너뜨리고 종업원들을 갈취할 정도로 냉혹한 인물들이었다. 록펠러 소유 러드로 공장에서 50여 명이 총격전 끝에 사망한 사건은 지금도 노사분규의 가장 참혹한 전설이다.

프랜시 오스트로어는 《부자들은 왜 기부를 하는가》란 책에서 부자들이 왜 기부를 하게 되는지 심리연구를 했다. 그가 얻은 결론은 '세상을 바꾼다는 신념', '영혼', '종교' 세 가지였다. 카네기는 66세 때 회사를 팔아 4억 5,000만 달러를 손에 쥐었는데 35세 때 《부(Wealth)》라는 에세이를 썼다. 그는 인간의 본성이 돈을 공짜로 주면 게을러지고 타락한다는 진실을 간파했다.

그러나 거액의 돈은 오랫동안 후손들의 손에 남아 있지 못하며 그것이 되레 독(毒)이 돼 자손들을 황폐하게 만든다고 여겼다. 그리하여 최선의 방안은 자신이 살아있을 때 가장 보람 있게 돈을 쓰되 본인이 구상한 자선사업에 정부도 돈을 대는 매칭펀드로 헛돈이 안 되도록 장치를 뒀다. 그의 사상은 《부의 복음》으로 재정리돼 100년 후 워런 버핏이 빌 게이츠에게 건넸고 그것이 제2차 대(大)기부의 역사를 만들어 냈다.

록펠러는 53세 때 재산이 인류 최초로 10억 달러를 넘었다. 오늘날 화폐가치로 치면 약 190조 원으로, 빌 게이츠의 3배가 넘는다고 한다.

그는 55세 때 쓰러졌고 1년 후 죽는다는 시한부 선고를 받았다. 그러던 중 병원에서 소녀가 수술비가 없어 죽어가는 광경을 보고 몰래 수술비를 대주며 그 소녀가 회생하는 광경을 목격했다. 순간 그의 영혼은 바뀌었다. 이후 자선사업을 하며 록펠러는 97세까지 장수했다.

오늘날의 기준으로 보면 몽땅 정리한 방식이 최상이라고 말할 수도 없다. 워런 버핏은 재산의 80~90%를 기부하고 왕성한 활동을 한다. 빌 게이츠는 국가의 경제규모가 워낙 커져 부호들이 아무리 기부금을 내 봤자 GDP 대비 얼마 안 되며, 따라서 복지는 국가재정이 담당해야 한다고 주장한다. 미국의 연간 기부금은 2,500억 달러가 넘지만 GDP 대비 1.67%밖에 안 된다.

차라리 부유세 혹은 비슷한 세금 항목을 신설해 누구는 내고 누구는 안 내는 단점을 시정하는 게 맞다는 주장이 있다. 2008년 금융위기 타파를 위해 독일에선 부유세를 2년간 한시적으로 신설해 55조 원을 마련하자는 주장이 있었고, 오바마 미국 대통령은 연소득 100만 달러 이상 계층에 대해 소득세 구간을 신설하자고 주장했다. 이러한 독일과 미국의 부유세 구상은 실천에 옮겨지진 않았다.

한국 재벌들의 기부에 대해서는 무슨 조건이 많이 붙어 '쿨하지 않다'는 평가가 그동안 많았다. 재판에서 유죄를 받은 후 사면조건으로 사회환원 어쩌고 하는 관례가 있었기 때문이다.

이에 대해 매튜 비숍은 《박애자본주의》라는 뛰어난 저서에서 "창업자들은 자신이 번 돈이니 처분 역시 마음대로다. 그러나 승계 오너는 가문의 부를 키워나가는 수호자라는 사명이 주어진다"고 역설했다. 한국의 경우 창업1세인 이병철, 정주영 같으면 통 큰 기부를 했을지 모른다. 하지만 그 후예는 기부자라기 보단 수호자이기에 기부가 힘들 수 있다.

이제 한국에서 중요한 일은 오너들이 내놓은 수천억 원, 수조 원으로 불어날 돈을 어떻게 효과적으로 쓰느냐다. 눈 먼 돈 나눠먹기식은 절대 안 된다. 빌 게이츠는 아프리카 전염병 퇴치에 가장 많은 돈을 쓰고 있다. 재정과 역할을 분담해 가장 뜻 있게 쓰는 한국형 모델을 개발하는 게 좋을 것이다.

워런 버핏과 이건희

경제학자 폴 새뮤얼슨이 1960년대에 워런 버핏을 짧게 만난 후 "이 세상에서 돈에 관한 한 가장 밝은 눈을 가진 인간임을 느꼈다"고 쓴 기록을 본 적이 있다.

그가 한국 대구텍에 또 들렀다(2011년 7월). 82세의 그는 꼭 생각해 볼 스토리를 남긴다는 장점이 있다. 인생 최악의 결정은 무엇이었냐고 물으면 "지난 일을 뭐 하러 생각하느냐"며 손녀뻘 여기자에게 귀엣말을 하는 익살도 떨었다.

한국 재벌이 자녀에게 재산을 물려주기 위해 편법을 쓰는 것에 대해 어떻게 생각하느냐고 묻자 "그런 기업이 나오면 나에게 수신자 요금 부담으로 연락해라. 사들이고 싶다"고 능쳤다. 한 시민이 지폐를 내밀고 사인해 달라고 하자 "나는 돈에는 사인을 하지 않는다"며 거절했다.

그는 버크셔해서웨이라는 기업을 자식에게 물려주지 않고 40조 원에 달하는 재산을 사회에 기부했다. 진짜인지 연출인지는 모르겠지만 헐렁한 트레이닝 복장으로 공항에 들어오거나 때론 식사를 햄버거 한 개로 때우는 등 소탈한 모습을 보인다.

우리가 버핏에게 얻는 큰 위안이 있다면 '여유 있는 동문서답'이 아닐까 한다. 사실 국내에서도 이건희 삼성 회장이나 정몽구 현대차그룹 회장 위치라면 버핏에게 꿀릴 게 전혀 없는 세계적인 명망가다. 재력에서도 그리 밀릴 게 없다. 그러나 한국 기자들은 이건희 회장이나 정몽구 회장 바로 곁에서 농담 섞인 대화를 하기 어렵다. 소통과 공감을 나눌 기회가 거의 없다. 언제나 연출된 사진을 받아 쓰기 바쁘다.

그러기에 여유 있는 동문서답이나 위트 넘치는 대화 문화가 정착되지 않는 것이다. 지난 일이지만 이건희 회장에게 던져진 질문들이 좀 더 수준 높은(?) 것이었으면 좋았겠다는 생각을 해본 적이 있다. 가령 잡스의 제품들을 꺾을 비결이 있는지, 삼성전자가 세계 최고봉에 오를 날이 언제인지 그런 질문 말이다.

너무 정색하며 주고받는 질의는 딱딱하고 재미없다. 소득 2만 달러에서 3만 달러, 4만 달러로 가는 길목에서 대화의 방식도 더 세련되어져야 한다. 좀 더 멋진 대화를 나누기 위한 적절한 자리를 1년에 몇 번씩 만드는 아량도 필요하다고 본다. 꼭 공항에 들고나면서, 국내가 아닌 해외에서 스탠딩 자세로 몇 마디 하는 이벤트는 너무 여유 없어 보인다.

미리 준비했는지 몸에 밴 말인지 모르겠으나 버핏의 몇 가지 말투는 음미할 만하다. "내가 가난한 나라에 태어났더라면 사과장수를 하고 있었을지 모르겠다. 따라서 버는 돈의 1.2%만 남기고 사회에 기부한다"는 등의 말이 그것이다.

얼마 전 영국의 〈이코노미스트〉는 슈퍼리치(Super Rich)에 대한 특별보고서를 냈다. 그에 따르면 미국 상위 1%의 부(富)가 GDP의 18.4%(2012년 현재 23%)로 1929년 대공황 직전의 18.3%보다 더 높아졌다고 한다. 부가 이렇게 편중되면 소비계층이 치우쳐 또 다른 경제공황이 올 가능성이 있다고 보고서는 경고한다. 청년층의 높은 실업률과 고령화 시대에 슈퍼리치라는 존재적 불균형은 사회 변화를 몰고 온다.

특별계층을 보는 대다수 곤궁한 사람들은 스트레스를 받아 불행지수를 높이는 코르티솔(Cortisol)이 분비된다. 괜히 기분 나쁜 인간들이 늘어난 고(高) 코르티솔 사회는 폭력, 범죄율도 높아져 살기 나쁜 나라가 된다.

한국의 경우도 상위 1%로 쏠리는 편중현상이 세계적 수준이 돼 가고 있다. 조그만 '엘리트의 섬' 속 선택된 소수에게서만 행복감을 부르는 옥시토신이 분비될 뿐이다.

2011년 초 그룹 총수들은 "10년 후엔 아무것도 안 남을지 모른다.

아차 하는 사이 굴러 떨어질지 모르니 정신 바짝 차려라"고 훈계했다. 백전노장들의 말은 맞다. 그러나 계층별 소득격차가 천문학적으로 벌어지기 시작한 시점에서 "도대체 세계 1등을 달성한 것과 나와는 무슨 관계란 말인가? 기업이란 무엇인가?"라는 원초적 물음을 제기한다.

1인당 국민소득 10만 달러를 바라보는 아부다비에조차 없는 막강 '기업군단'을 거느린 한국의 간판기업들은 이제 기업관을 21세기형 뉴노멀로 가져가야 한다. 부드러움을 기반으로 국민과 소통하는 기업문화, 이것이 뉴노멀이다.

1970년 노벨경제학상을 받은 밀턴 프리드먼은 "기업의 사회적 책임은 오직 한 가지뿐이다. 이익을 많이만 내면 된다"고 너무나 유명한 말을 했다. 이제 프리드먼의 말은 반만 맞고 반은 틀린 말이 되었다. 잭 웰치마저 "지역사회가 쇠퇴하고 붕괴하는 상황을 냉혹하게 모르는 체 하는 기업은 살아남도록 허락되지 않을 것"이라고 얘기했다.

《사랑받는 기업》에서 라젠드라 시소디어는 "납품가를 후려치고 직원에게도 인색한 월마트 같은 기업은 곧 설 땅이 없는 시대가 올 것"이라고 말한다. 국민과 지역사회, 그리고 이해관계자들을 두루 만족시키는 것, 즉 '세상을 더 살기 좋은 곳으로 만드는 것'이 현대적 의미의 기업 존재 이유다. 코스트코, 사우스웨스트항공 같은 기업들이 그렇다.

지금 한국사회는 돈 많은 대기업의 역할을 두고 티격태격 말이 많다. 100조 원도 넘는 이익을 쌓아두고 있는 대기업들에게 '중소기업도 손잡고 이끌어 달라' 했더니 '초과이익'이 어쩌고 변명하며 정부 관리들과 다투고 난리다. 국민이 물가고로 신음하니 좀 도와 보라는 주문을 싸고 드잡이가 벌어지는 광경은 참으로 착잡하다.

"우리가 문화를 만들면 문화가 다시 우리를 만든다."(처칠 어록)

잡스와 주커버그의 공통점

〈포브스〉는 2010년 9월, "페이스북이 2012년에 기업공개를 단행하는데 기업가치가 400억 달러에 달할 것이며, 스티브 잡스는 2019년 은퇴하면서 빌게이츠 재단에 500억 달러 기부를 약속할 것"이라고 점쳤다. 〈포브스〉의 예측은 3개월 앞을 못 내다보고 크게 빗나갔다(페이스북은 상장 당시 시가총액이 1,000억 달러에 했고 스티브는 2011년 11월 5일 타계했다).

최근 5년 동안 잡스와 주커버그는 스피드의 세계에서 게임의 법칙을 정한 자들이다. 모바일 업체를 무대에서 끌어내리고 그들을 임대업자로 전락시켰다. 절벽에서 밀쳐 떨어뜨리면 반드시 승리의 월계관을 쓴 채 거자필반(去者必返)을 외치며 나타나는 잡스의 어드벤처는 추적해볼 만하다.

애플에서 쫓겨난 13년간 컴퓨터 회사 넥스트(NeXT)와 할리우드에 애니메이션을 공급하는 픽사(PIXAR)를 차렸다. 그는 거의 빈털터리

신세에까지 몰렸다. 만약 〈토이스토리(Toy story)〉가 떠주지 않았다면 노숙자로 생을 마감했을지 모른다. 운(運)이 그를 살렸다. 픽사 기업공개로 거액을 벌어 애플에 컴백해(1998년) 아이맥, 아이튠스, 아이팟, 아이폰, 아이패드에 이르기까지 뛰어난 상품들로 세상을 쥐고 흔들었다. 2010년 아이폰, 아이패드로 애플이 거둔 매출액 이익률은 45% 수준이었다. 전 세계에 이런 블루오션은 없다. 하지만 잡스는 새로운 것을 만든 적은 없다. 단지 세상을 재조합했을 뿐이다.

주커버그도 마찬가지다. 2004년 페이스북을 만들었을 때 프렌더스터(Frienderster), 마이스페이스가 떵떵거리고 있었다. 하버드대의 '얼짱 승부하기(Facemash)'에서 출발한 페이스북은 당시 예일대, 컬럼비아대 등 거의 모든 대학에 비슷한 경쟁자를 두고 있었다. 자신보다 늦게 창업한 트위터(Twitter) 때문에 휘청거리기도 했다. 창업 아이디어를 초창기 동료 윙클보스 형제에게서 훔쳤다고 소송을 당해 수백억 원을 물어줬다. 주커버그는 성공을 확신하지 못했다. 그런데 왜 페이스북이었는가.

〈타임〉 표지로 잡스는 1982년, 주커버그는 2010년에 뽑혔지만 둘 사이엔 운(運) 외에도 사업가로서의 공통점이 있다.

눈앞의 돈을 탐(貪)하지 않았다. "나는 세상에 의미 있는 일을 하고 싶어." 이게 잡스와 주커버그가 함께 갖고 있던 DNA다. 주커버그는 콘텐츠를 방해하는 광고를 절대 사양했다. 성장만이 목표였다. 창업 2

년 만에(당시 주커버그의 나이는 24살이었다) 1조 원에 팔라는 솔깃한 제의에도 꿈쩍하지 않았다.

이런 생각을 지닌 자들의 시선은 국내에 머물지 않는다. 70억 인류를 바라본다. 크고 깊게 생각한다. 페이스북 방문자는 2011년 벽두에 마침내 구글을 제쳤다. 두 사람은 인간의 선(善)에 이바지한다는 철학을 갖고 있다. 마이스페이스가 익명으로 지저분한 네트워크에 탐닉할 때 페이스북은 실명을 고집했다. "지구상 모든 개인, 기업, 커뮤니티를 연결해 서로에게 도움이 되기만 한다면 돈을 벌지 않아도 좋다(주커버그)." "난 월급 받는 걸 모욕이라 생각한다. 승부에서 이기면 될 뿐이다(잡스)."

미국 비즈니스맨들에게 '성역'이 없는 것이 그들을 단련시킨 강점이기도 하다. 스티브 잡스는 자기 단점까지 가차 없이 묘사한 출판물 《iCon 스티브 잡스》을 막아보려 모든 수를 동원하고도 실패했다. 주커버그를 다룬 영화 〈소셜 네트워크〉는 실제 인물보다 비도덕적으로 그렸다는 평가다.

주커버그는 경험과 경륜이 있는 최고 고수와 멘토들의 얘기에 경청한다. 〈워싱턴포스트〉 회장 돈 그레이엄, 인터넷의 전설 마크 안드리센, 그리고 구글의 달인 셰릴 샌드버그를 이사회 멤버로 모셨다.

한국의 이재용 사장, 정의선 부회장, 그리고 한화 3세들이나 네이버 이해진 씨 등의 세계는 이들과 차이가 있을 수도 있다. 그러나 '비즈니스 세계'라는 공통점도 분명 크리라.

다음 대통령은 누구인가?

국가의 번영을 설명하는 데 가장 결정적인 역할을 하는 것은 바로 ( )이다. 괄호 속에 두 글자로 된 명사를 잠시 생각해보라. 선거가 일 주일 앞으로 다가와도 마음을 정하지 못하는 유권자의 비율은 대개 10%가량 된다. 대선 투표율은 63~89% 사이에서 움직여왔으나 가장 치열한 선거라도 75%선 안팎에 머무르는 것 같다.

당신은 누구를 찍을지 아직도 주저하고 있는가. 이럴 때 선거에 관한 세 가지 공리를 음미하라고 권하고 싶다.

첫째, 국민은 미래를 밝게 보면 현직(같은 당)을 찍어주고 불안하게 생각하면 갈아치운다. 둘째, 정권을 자주 갈아치우는 나라치고 잘사는 나라가 없다. 셋째, 유럽 국가의 경우 우파가 세 번 하고 좌파가 한 번 하는 나라는 잘되지만 좌파가 세 번하고 우파가 한 번 하는 나라는 망가지더라는 얘기다.

이런 종류의 이론을 더 깊숙하게 들여다보고 싶으면《대중의 직관》(존 L 캐스티),《10년 후 미래》(대니얼 앨트먼) 같은 뛰어난 저술을 반복해서 읽어보라. 특히 대니얼 앨트먼의 책을 보면 동구권 국가들 가운데 10년에 6회 이상 집권당과 총리가 바뀌는 나라들의 이름을 열거하고 있는데, 대개 잘 못나가는 국가들이다.

세계 여러 나라에서 대통령·총리 선거가 치러진 2012년은 경기침체로 희망보다는 두려움이 사회 공기를 지배한 시기였다. 따라서 프랑스, 멕시코에선 여당이 패했다. 일본은 5년간 여섯 번이나 총리를 갈아치우며 아베 신조를 두 번째 선출했지만, 극우파 등장에 한국이나 중국의 분위기가 안 좋다. 막강한 힘을 가진 이웃 두 나라가 배척해서는 성공을 기약하기 어렵다.

그런데《대중의 직관》의 캐스티는 한 가지를 더 말한다. 대중의 좌절감은 정권을 교체하고자 하나 그 대신 강력한 지도자에게서 안정과 자신감을 찾고 싶어 한다는 사실이다. 경제 상황을 보면 응당 낙선해야 마땅한 미국의 버락 오바마, 러시아의 블라디미르 푸틴이 살아남은 게 그런 케이스다.

한국의 12·19대선일 당시 대중심리는 낙관이었나 비관이었나. 문재인으로 정권 교체가 이뤄지면 한국의 불안감을 치유해줄까 아니면 더 세상을 어질러 놓을까. 유권자, 대중의 고뇌는 치열했다. 이러한 고뇌 때문에 안철수 현상이 생겨났다가 그의 햄릿형 처신으로 신기루로 사라졌다. 18대 대통령에 박근혜가 당선되면 보수와 진보가 각각 두 번씩을 한다. 문재인이 되면 4회 중 3회가 진보다. 이것은 선거 공리 3번 조항과 공교롭게도 일치한다.

이제 글 첫머리에 낸 퀴즈를 풀 차례다. 정답은 '제도'다. 영국 〈FT〉가 선정한 2012년의 책은《국가는 왜 실패하는가》(대런 애쓰모글루)이고, 이 문장은 거기서 발췌해냈다. 제도를 결정하는 것은 누구인가. 정부와 정치권이다. 그것을 정하는 것은 국민이다. 어떤 나라는 잘살고 어떤 나라는 못사는가. 좋은 제도를 지닌 나라가 잘살게 되며, 국민이 그것을 결정하니 국가의 장래는 국민에게 달렸다.

애쓰모글루는 사유재산권을 잘 보호하고 창조적 파괴를 두려워하지 않는 포용성과 다양성을 가진 국가가 오늘날 선진국이 됐다고 결론지었다. 2012년 총선 및 대통령 선거에서 국민에게 투표용지의 의미는 어떤 제도, 나아가 국가의 명운을 채워 넣는 시험지였다. 나쁜 선택은 두고두고 대가를 요구하는 법이다. 입주 때부터 온통 혼선을 빚는 세종시를 보면 잘 알 수 있지 않은가. 이를 기획한 정치세력은 충청표를 얻었지만 국가 경영 측면에선 엉망진창이 되고 말았다.

대선에서 어떤 후보가 더 좋은 제도로 이어지는 공약을 내걸었어도 한국 사회의 혼돈 상황에서 그가 자유로운 건 아니다. 미국에서 선정한 '2012년 올해의 단어'는 자본주의(Capitalism)와 사회주의(Socialism)라는 두 낱말이었다. 왜 또 사회주의가 튀어나와 판을 어지르고 다니는가. 워싱턴 컨센서스 같은 위장극이 자본주의 생태계를 황폐화시켰기 때문이다. 그러므로 현재의 어느 국가 상황은 큰 정당 모두에게 책임이 있다.

한국의 기성 정치·재벌도 책임이 있다. 그리하여 정체성도 모호한 경제민주주의가 가면무도회처럼 춤을 추었다. 갈등과 분열이 상수화돼 버린 정치판에서 누가 위기에 처한 한국 제도를 더 잘 수선할 능력과 진정성을 가졌느냐는 것이 선거의 정신이 된다. 그렇다고 제도를 고친다는 게 한국 번영의 길을 가로막아 버린다면 그것은 더 나쁜 선택이다.

우리는 5년마다 대통령을 선택해야 한다. 랠프 앨리엇은 "뉴스는 전부터 작동해오고 있는 힘을 뒤늦게 인식한 것이다. 뉴스는 추세를 모르고 있는 사람에게만 놀라울 뿐"이라고 했다. 그렇다면 우리는 다음번 대통령이 누가될지 답을 알고 있는 셈이다.

대통령과 국가의 품격

1995년 필자가 버클리대에서 연수받던 시절, 전두환, 노태우 전직 대통령이 3,000억 원, 5,000억 원씩 뇌물을 받아 챙겨 구속됐다는 뉴스와 사진이 미국 언론에 보도됐다.

수업에 들어온 교수는 "한국에서는 대통령 집무실이 기업인에게 사업면허를 돈 받고 파는 곳입니까? 그러니까 비즈니스 장소인가요" 라고 물었다. 교실은 웃음바다가 돼 버렸고 코리아란 브랜드는 수모를 당했다.

《대통령의 위기》(크리스 윌리스) 같은 책을 보면 미국 역대 대통령 행적이 잘 나타나 있다. 음미해서 읽어보면 대통령이란 자리는 국민의 사기를 한없이 띄워주기도 하지만 반대로 땅바닥에 처박아버리는 역할도 한다.

조지 워싱턴, 프랭클린 루스벨트, 에이브러햄 링컨은 미국인들을 한껏 뽐내게 하는 랭킹 1~3위 인물들이다. 제29대 대통령 워런 하딩은 정반대였다. 미켈란젤로의 조각처럼 훤칠한 외모와는 달리 형편없는 친구를 장관에 앉혀 기업인에게 뇌물을 받도록 하고 그 자신도 부패에 연루돼 백악관에서 뇌일혈로 쓰러져 사망했다. 하딩은 "나는 IQ도 110밖에 안 되고 대통령감이 아니야"라고 했고 노무현은 탄핵 전 "힘들어서 대통령 못 해먹겠다"고 했었다.

대통령이란 자리는 국민을 대표한다. 그러므로 상당 부분 대통령의 행실은 '국가 품격'의 잣대가 되는 것이다.

한국은 대통령 때문에 국제사회에서 점수를 얻기도 하고 잃기도 했다. 이명박 정부 초기 촛불시위대가 100일 동안 서울을 점령한 장면, 금융위기 때 환율폭등이 세계 1~2위권을 달려 소득 2만 달러가 무너져버린 일, 미네르바 소동 등을 두고 외신은 여러 차례 한국을 조롱했다. 노무현의 죽음까지 상당히 여러 차례 얻어맞았다.

일본의 후지와라 마사히코는 《국가의 품격》이라는 자신의 책에서 재미있는 질문을 던진다.

"…영국의 GDP는 일본의 절반밖에 되지 않지만 왜 세계는 영국이 말하면 귀를 기울이면서도 일본이 말하면 코웃음쳐버리는 걸까. 그것은 '보편적 가치'의 영향 때문이다. 영국은 의회민주주의제도를 만들었고 셰익스피어, 디킨스, 뉴턴, 맥스웰(전자기학), 다윈, 케인스의 나라다. 컴퓨터, 제트엔진, 레이더를 영국인이 개발했다. 비틀스, 미니스

커트도 영국 상품이다. 이와 같은 보편적 가치 때문에 1세기 동안 경제가 사양길을 걸어도 존경심엔 변함이 없다….”

인류가 살기 좋게 하는 데 기여했는가, 그런 인물이 얼마나 되며 그러한 제도나 발명품을 얼마나 만들어 냈는가…. 이러한 요소들의 부피가 쌓여 타국의 존경심이 형성된다는 것이다. 금전만 따지는 살벌한 사회 분위기, 패자부활전이 없는 사회, 자살률 세계 1위…. 이런 수치들은 아주 부끄러운 일이라고 후지와라는 한탄한다.

한국 극력 시위꾼들의 범법이 전 세계로 생중계되는 모습은 그냥 후진국의 전형이다. 단시일에 우리의 국격을 높이긴 어렵겠지만 우선 ‘윗물’부터 변해야 한다. 대통령의 친인척들은 한국의 품격 향상에 있어 영원한 걸림돌이었다 해도 과언이 아니다. 이명박도 뻔히 보면서 그 함정에 빠졌다. 박근혜 대통령은 첫 여성 대통령이니 기대를 한번 해볼까. 여성은 부패에 대해 남성보다는 낫다기에 하는 말이다.

이명박의 재산환원 방식

홍콩 영화배우 청룽(成龍)이 재산 4,000억 원을 죽을 때까지 전액 사회에 기부하겠다고 해 중국인들의 프라이드가 높다고 한다. 국내에서도 이종환 회장 같은 분이 평생 모은 6,000억 원 기부를 실천해 가는 중이다. 이명박 전 대통령도 재산환원을 통해 기부문화의 풍향계를 바꾸는 데 일조할 것이란 기대감이 높았다.

사실 소득이 높아진 현대 사회에서 기부행위는 '나는 삶의 승자'라는 트로피 같은 것이다. 무슨 조건을 달면 재미없다. 청룽의 말대로 "필사적으로 벌고 쫓아다니며 기부한다"는 게 미국에선 승자 요건이다. 마르크스는 자본주의가 반드시 망한다고 했는데 그 질곡에서 건져낸 것이 기부, 즉 자선행위(Philanthropy)란 분석도 있다.

천문학적인 거액을 쾌척한 사람의 심리 바탕에는 '호랑이는 죽어서 가죽을 남기고 사람은 죽어서 이름을 남긴다'는 무의식이 자리한 것

같다. 카네기, 록펠러, 포드 등은 모두 자신의 이름을 딴 '재단'을 만들었다. (사례 A)

 그런데 돈에 관한 한 역사상 가장 귀신이라는 워런 버핏은 뜻밖의 결정을 내렸다. 2006년 6월 370억 달러를 내놓으면서 그중 300억 달러를 빌 게이츠 부부가 관장하는 재단 몫으로 했다. (사례 B)

 버핏은 76세 당시에 85%의 재산을 내놨으니 인생의 마지막 결단을 내린 셈이다. 더욱이 그는 타계한 부인(수전)과 아들 명의의 재단도 있었지만 피 한 방울 섞이지 않은 빌 게이츠에게 돈을 맡겼으며 "내 이름도 간판에 좀 넣어주소"라는 부탁도 하지 않았다.

 왜 그런 결정을 내렸을까. 버핏은 마이클 포터와 마크 크레이머 교수의 하버드 리뷰를 읽었음에 틀림없다. 포터는 기부금을 관리하는 재단이 효율적으로 돈을 썼는지 광범위하게 조사했다. 그리하여 재단들은 직원들 월급 주기 바쁘고 뭔가 조사한다는 명목으로 또 돈을 흥청망청 쓰고 그리하여 실제로 사업을 정한 후 집행까지는 수십 년이 걸린다는 사실을 밝혀냈다. 또한 기부한 사람의 고매한 뜻을 그렇게 숭상하지도, 오래 기억할 만큼 한가하지도 않다는 인간 본성도 알아챘다. 그래서 버핏은 지금껏 자선사업을 성공적으로 하고 훌륭한 관리조직을 정비한 빌 게이츠를 붙들고 늘어진 것이다. '빌 게이츠 당신이 은퇴하여 직접 관리하라'는 조건을 붙였고 게이츠는 약속을 지켰다.

 국내 사례를 봐도 이건희 회장이 낸 8,000억 원을 교육부에 맡겼더니 상당 경비를 축내고도 한 게 없었다. 또한 육영재단의 험한 사례도 목격했다. 재단을 설립한 박정희 대통령과 육영수 여사의 고귀한 정신은 어디가 버리고 관리인들이 멱살 잡고 기물을 때려 부수며 볼썽사납게 싸우는 모습을 연출했다.

한국도 제2, 제3의 버핏이 나오려면 게이츠재단 같은 곳이 필요하다. '그곳에 맡기면 100% 돈을 잘 써주고 관리해준다'는 안도감을 주는 대형 재단을 육성할 때라고 본다. 걸핏하면 들려오는 자선단체 관리자의 착복 뉴스를 더 이상 안 듣게 해 달라.

척 피니의 방식 역시 주목할 만하다. 그는 오른손이 하는 일을 왼손도 모르게 전 재산 40억 달러를 성서(聖書)적으로 기부해 세상을 놀라게 했다(책 《아름다운 부자 척 피니》를 읽어보라). 아일랜드계 미국인이었던 그는 기부금 대부분을 조국의 대학 키우기와 베트남 빈민촌 지원에 썼다. 단, 척 피니의 존재를 발설하면 기부를 무효화한다는 게 조건이었다. (사례 C)

이상의 A B C 사례 중 이명박 전 대통령이 골랐던 방식은 무엇이었을까? 그는 청계재단이라는 자신의 호를 딴 재단을 만들고 재단이사장에 친구를 앉혔다. 가장 낮은 수준의 재단을 만들고 만 것이다. 안타까운 일이다.

인간에게 있어 기부행위 자체보다 더 중요한 것은 기부자 가슴 속에 넘쳐나는 따뜻한 사랑이다. 청룽, 피니 그리고 버핏의 내면에 흐르는 사랑을 우리는 확인할 수 있다. 빌 게이츠, 버핏도 자식 한 명당 1,000만달러(약 140억 원)쯤은 먼저 떼어 주었다. 그런데 국내 어떤 기부자가 전세 사는 자식이 집 한 칸 장만해 달라는 애걸마저 뿌리치고 수백억 원 전 재산을 내놔 부인과 싸움판이 벌어졌다는 말을 들으면 기부인지 전투인지 모르겠다.

여성 대통령, 총리가 경영하는 나라

전 세계 229개국 중 여성 대통령 또는 총리가 이끄는 나라는 7개국이다. 앙겔라 메르켈 독일 총리, 지우마 호세프 브라질 대통령, 줄리아 길라드 호주 총리, 잉락 친나왓 태국 총리, 크리스티나 페르난데스 아르헨티나 대통령 같은 이들이다. 이들 여성 리더는 웬만한 남성 대통령들보다 잘하고 있을까? 답은 예스(yes)다. 지지율이 무려 70~80%에 육박하니까.

왜 여성 리더의 성적이 좋은지 여러모로 생각해보게 된다. 첫째, 남성들을 물리치고 정상에 오른 경쟁력 자체가 대단하다고 봐도 좋다. 남자 정상 30명에 여성 리더 1명꼴이니 '선거의 여왕'을 인정해주자. 둘째, 여성 특유의 장점을 정치에 잘 활용한다. 문화인류학적으로 현대는 신체적 힘이 아닌 정보소통, 사회지능지수, 포용력 등 소프트파워가 통하는 시대다. 이런 특성의 소유자는 바로 여성이다. 《여자의 뇌 여자의 발견》(루안 브리젠딘)을 읽어보면 알 수 있을 것이다. 그렇다면 세계의 여성 대통령이나 총리들은 지금 세상을 어떻게 바꾸고 있을까.

먼저 지우마 호세프 브라질 대통령을 보자. 그는 여성 장관 10명을 기용했다. 수석장관, 문화정책장관을 비롯해 역대 정부 중 가장 많은 여성 장관이다. 최대 국영기업 페트로브라스에 여성 CEO를 발탁했다. 한국으로 치면 포스코 회장에 여성을 임명한 셈이다. 아침 요리 만들기 프로그램에 출연하는 푸근한 어머니상을 심었다. 부패 척결에 강점을 보여 지지율이 78%로 역대 대통령 중 최고다.

메르켈은 독일 총리가 된 지 벌써 7년인데 지지율은 67%다. 언론은 그녀가 일도 잘하고 겸손하다며 '인기비결 10선(選)'을 기사화하기도 했다. 과거 남성 총리들의 자기과시형 쇼에 이제 국민은 염증이 난다. 메르켈은 '유럽의 환자'라는 독일의 별명을 '존재감 짱(Again, We`re somebody)'으로 바꿔줬다. 남유럽 국가들을 잘 요리하여 독일 국민에게 피해를 최소화하는 솜씨에 평가가 좋다.

길라드 호주 총리는 2012년 10월 출산수당을 삭감하는 모험을 감행한 일이 있다. 토니 애벗 야당 대표가 "애를 낳아본 적이 없어서 저런다"며 비꼬자 "성차별 발언 말라"는 당찬 발언으로 인기가 더 올랐다. 토론을 즐기며 의회, 정부, 언론 3곳과 친하다. 교육 세계 5대 강국, 탄소세 도입, 철광업체에 자원세 30% 신설 등 고운 외모에 비해

뚝심이 세다.

한국에서는 좀 생소한 리투아니아 대통령 달리아 그리바우스카이테는 가라테 유단자에 거침없는 연설, 오바마 대통령 접견을 거절하는 등의 배짱과 개혁 추진력으로 4년 연속 '올해의 인물'로 뽑혔다.

여기까지가 성공모델이다. 그 다음부터는 좀 쪽팔리는(?) 케이스가 등장한다. 태국의 잉락, 아르헨티나의 페르난데스, 코스타리카의 라우라 친치야 등 3명이 대략 그런 사례다. 잉락은 오빠 탁신의 후광을 업고 최저임금 50% 인상 같은 꿀 바른 공약으로 기업 CEO에서 일약 총리가 됐다. 포퓰리즘의 대명사 아르헨티나는 전직 대통령(네스토르 키르치네르)이 재선을 노리던 중 갑자기 사망하자 부인을 대통령으로 찍어줬다. 동정표다. 현재 정책노선이 에바 페론을 흉내 내는 것이니 지지율은 뻔하다(30%). 코스타리카의 친치야는 법무장관 출신으로 마약과 강력범죄를 때려잡겠다고 해서 당선됐지만 현재 부패스캔들로 온 나라가 콩가루 집안이 되어 버렸다.

상황을 종합하면 국민 민도가 낮은 국가는 한순간 분위기에 쏠려 신데렐라를 뽑아놓고 후회할 일이 생긴다는 걸 보여준다. 한국처럼 경제 기반이 닦였고 국민이 어느 정도 깬 나라는 여성 대통령(총리)이 우수하다. 그 비결은 여성 특유의 장점 즉 여야·정부·언론과의 원활한 관계, 단호한 부패 척결 의지, 보살핌의 리더십으로 요약된다.

대처의 꿈, 박근혜의 꿈

마거릿 대처 일생을 다룬 〈철의 여인〉 장면 중 포클랜드 전쟁 발발 당시 대응상황을 한국의 정치지도자들은 한 번쯤 음미할 필요가 있다.

아르헨티나가 기습 점령한 이 섬을 재탈환하는 문제를 놓고 영국 의회는 "예산이 많이 들고 그 먼 거리까지 가서 젊은 목숨들을 죽게 할 수 없다"며 반대한다. 미국 국방장관 역시 황급히 날아와 "포클랜드에 사는 영국 주민은 몇 명 안 되고, 그 섬을 되찾을 실익이 없다"며 대처에게 포기를 종용한다. 그러자 대처는 "하와이 같은 섬이로군요?"라며 반박한다. 미국 국방장관이 "네?" 하고 되묻자 "일본군이 진주만을 공격했을 때 하와이에 미국 주민이 몇 명이나 됐다고 전쟁을 벌였나요?"라고 쏘아붙이며 "(아르헨티나에) 굴복할 수 없다"고 한마디로 끝내버린다.

이 장면은 《레이건 회고록》에도 담겨있는데, 대처에 대한 존경심이 묻어 있다.

　연평도 포격사태 당시 대처가 지휘했더라면? 우리는 그런 상상을
해보게 된다. 정치리더는 국가의 흥망, 국제적 위신을 혼자서 결정해
야 하며 우방이 도와주지도 않는다. 영화 〈철의 여인〉은 내내 그것을
보여준다. 국회의원 후보나 대통령도 틈을 내 대처의 리더십을 담은
이 영화를 한번 찾아보길 권한다.

　사실 대처가 영국 역사상 3연임 총리를 한 시기가 1980년대를 관통
한 때였고, 당시 신자유주의가 판쳤으므로 지금과는 상황이 다르지
않느냐고 말할 수도 있다. 분명 그런 점도 있다. 그러나 대처가 집권할
당시 영국의 상황은 경제양극화, 보수와 진보의 날카로운 대립, 사용
자와 노동자 간 끝없는 갈등이 이어졌다. 어찌 보면 한국의 현재 모습
과도 많이 닮아 있다.

　대처는 국가 장래에 득이 되면 아무리 반대가 많아도 설득하여 밀
고 나갔고 심지어 노조파업 때 10명이 단식으로 사망하는 가운데서도
뜻을 관철시켰다. 측근들이 "그렇게 하면 선거에 패한다"고 반대하자
"당신들은 권력을 잡으려고 선거에 순응하지만 나는 국가를 우선한
다. 당선되지 않아도 좋다"며 버텨냈다.

　그러한 영웅도 영원할 수는 없다. 11년 만에 실각하게 된 계기는 인
두세(人頭稅) 징수, 유럽통합 반대 등의 정책 측면과 장관들을 하인

다루듯 하는 권위주의 탓으로 해석되고 있다. 그러나 나는 장기집권 피로증, 때 마침의 경제 침체가 더 큰 원인이라고 생각한다. 대처가 유럽통화를 합치는 안에 반대하면서 "국민소득 85%를 프랑스에 바치자는 말이요?"라며 프랑스의 요청을 단번에 자른 것은 참으로 혜안이 있었던 것 같다.

한국의 정치사에서 우리는 대처 같은 큰 인물을 보고 싶다. 박근혜 대통령이 여성대통령 1호로 대처와 여러 면에서 비견될 수 있을 것이다. 박 대통령은 대선 예선에서 "모바일 투표는 반대"라는 탁월한 직관을 보였지만 탈북자 인권을 둘러싼 절규에는 침묵이었다. 대처 같으면 베이징에 가서 담판하고 오겠다고 하지 않았을까.

남북이 분할되고 국내 갈등이 첨예화되는 상황에서 대권을 잡겠다는 지도자들은 통 큰 배짱과 용기로 통념마저 거스를 줄 알아야 한다. 영화에서 치매가 걸린 상황이 된 대처는 "우리 시대엔 꼭 권력을 잡겠다는 게 아니라 뭘 해보자는 정열이 있었는데…"라고 혼잣말을 하는가 하면 "요즘 사람들은 분위기에 너무 휘둘리는데, 원칙이 중요해"라고 반복한다. 한국의 지도자들이 들으라고 한 말 같다.

한국의 정치지도자들은 세계의 변화에도 자주 눈을 돌려야 한다. 최근 중국이 수출투자를 중시하는 경제에서 소비·서비스 경제로의 전환을 선언했다. 경천동지할 변화다. 러시아 푸틴의 귀환이 시사하는 바도 크다. 푸틴은 미국의 아시아 귀환(Pivot Asia)시대에 맞춰 블라

디보스톡을 러시아의 동부수도로 하겠다는 웅대한 포부가 있다. 예카테리나 대제가 알래스카까지 영토를 넓혔을 때의 꿈을 러시아는 다시 꾸는 게 틀림없다.

ᵒᵒ 인센티브의 힘

사례 1.

삼성 창업주 이병철 회장이 작고하고 이건희 회장이 처음 출근한 날 한 일이 뭘까. 1988년의 일이다. 이건희 회장은 비서실 경리책임자 K씨를 불러 "임원들 급여명세표를 가져오라"는 첫 오더를 내렸다고 한다. 그는 즉각 급여표를 갖고 들어갔다. 새 회장은 자료를 쭉 훑어보더니 "봉급을 10배로 올리세요"라고 말해 K씨를 아연실색하게 했다.

K씨 : 안 됩니다.

이건희 회장 : 왜요?

K씨 : 그렇게 올리면 다른 그룹들이 '삼성 때문에 경영을 못하겠다', '노조를 자극한다'며 청와대에 투서를 올리고 하면 견뎌낼 수 없게 됩니다.

이 회장 : 그럼 5배로 낮추지.

K씨는 그것도 통하지 않을 것이라고 했다. 결국 2배로 낙찰됐다.

이건희 회장은 대신 새로운 방식을 개발해냈다. 연말 만찬 세리머니에 전 계열사 사장단을 불러 밥을 먹고 봉투를 하나씩 줬다고 한다. 봉투를 받아본 CEO는 "기대치보다 공(0)이 하나 더 있습다"라고 회고했다.

사례 2.

알렉산더 대왕은 페르시아 다리우스 3세와 수년간 전쟁을 치르며 비록 적이지만 그의 지략과 인품에 흠모의 정이 싹텄다. 마침내 황제의 마차를 발견했을 때는 배반한 부하에게 습격을 받아 마지막 숨을 몰아쉬고 있었다. 알렉산더가 귀를 가까이 대니 "복수…"라고 말하고 숨을 거뒀다. 배반한 부하는 옥시아르테스.

이 자는 천길 낭떠러지 위로 한 사람밖에 지나갈 수 없는 산꼭대기에 건설한 소그디니아 성채로 도망쳤다. 절벽은 2,000피트(약 600미터) 높이로 1년 내내 얼음으로 뒤덮인 곳. 성벽 위에서 옥시아르테스는 "날개 달린 인간을 보내면 항복하지"라며 알렉산더를 조롱했다.

알렉산더는 머리를 굴렸다. "저 위로 날아오른 병사에겐 1인당 20탈렌트를 주겠다" 당시 20탈렌트는 요즘 돈으로 200억 원쯤 됐던 모양인데 아무튼 무려 5대(代)가 먹고살 수 있는 돈이었다. 한 시간도 안 돼 지원자가 300여 명이나 나섰다. 그날 저녁 30여 명만 떨어져 죽고 나머지는 얼음 성벽을 기어오르는 데 성공했다. 옥시아르테스는 다음 날 아침 놀라 자빠지면서 항복했다. (《알렉산더대왕》(발레리오 M 만

프레디))

삼성전자에 오랫동안 근무해본 사람은 일본 도쿄로 발령나면 소니 (SONY) 과장 레벨을 만나지 못해 발을 동동 굴렀다는 얘기를 추억한다. "본사에서 임원이 나오면 만나게 해줘야 하는데…." 1980~1990년대 얘기다.

필자는 2004년 겨울 일본 게이단렌 초청으로 재계 인물들을 여럿 만나본 적이 있다. 그해 삼성전자 이익이 100억 달러를 넘어 일본 전자업계 상위 8사 이익을 전부 합친 것보다 많았다. 그리고 삼성전자 임원진 평균 연봉이 80억 원이 넘는다는 뉴스가 나간 직후였다.

소니 등 일본 전자업계 경영진과 식사를 하면서 "소니는 임원 연봉으로 얼마나 줍니까"라고 물었다. 돌아온 답변은 "우리는 삼성전자처럼 돈을 못 법니다. 삼성은 돈을 잘 버니까 많이 주겠지만 우리는…"이라며 말끝을 흐렸다. 삼성전자에 대한 질시와 삼성이 일찍 샴페인을 터뜨리고 있는 것 아니냐는 묘한 앙상블이 겹친 그런 음색으로.

소니 경영인들은 2003년께부터 삼성전자 고위직을 만나러 서울로 와 줄을 섰다. 반도체 합작을 해 달라고 통사정을 했다.

무엇이 상황을 반전시켰는가. 알렉산더가 부하들에게 날개를 달아준 이치, 바로 그거다. 이건희 회장이 직원들 지갑을 통통하게 채워준 것과 일맥상통한다. 한마디로 인센티브(Incentive)다. 현대적 용어로 하자면 '부자경영'이라고나 할까. 칭찬은 고래도 춤추게 한다는데 인센티브의 마력은 훨씬 세다. 고래를 터보엔진과 태양에너지 판으로 무장시켜 화성왕복 심부름까지 시킬지도 모르겠다. 굳이 그 구성원들이 초인이거나 천재 집단일 필요조차 없고 그런 실체도 역사상 없었다. 나폴레옹이나 카이사르 군대가 초인들 집합체라고 들어본 적이 있는가.

기업 수명이 100년쯤이라면 그것은 '영원'이란 낱말을 떠올려도 될 정도로 긴 세월이다. 그렇게 지탱해 준 원동력이 뭘까. 〈매일경제신문〉은 대한민국 건국 60주년 기획으로 초우량 장수기업 14곳이 공통적으로 갖고 있는 성공 DNA를 분석해 본적이 있다. 이들 기업은 △ 시장선택 능력 △탁월한 차별화 능력 △안정된 노사관계 △인재에 대한 아낌없는 투자라는 4가지 조건을 갖추고 있는 것으로 나타났다. 이중 가장 중요한 것은 인재에 대한 투자일 것이다.

기왕 회사를 택하려면 인센티브를 알맞게 구사하는 기업을 골라라. 인간의 날개가 무엇인지는 다이달로스와 이카루스 부자(父子)에게 한번 물어보라. 걸핏하면 신이 내린 직장 어쩌고 하는데 그런 회사를 극구 칭찬하고 싶은 마음은 없다.

세계 1·2위 부자의 공통점

워런 버핏, 앨빈 토플러, 존 나이스비트, 빌 게이츠. 웬만한 중학생 이라도 다 아는 이름이다. 이들이 공통적으로 한국 청소년에게 한 말 은? "성공하려면 신문을 읽으세요"다. 이들 4명 중 2명은 전 세계 1·2 위 부자인데 한국 신문발행인들과 짜고 한 소리는 아닐 테고···. 무슨 얘기인지 좀 더 들어보자.

워런 버핏은 어린이날 열린 주주총회 때 열두 살 먹은 학생이 "어떤 것을 읽으면 학교에서 배울 수 없는 많은 것을 알 수 있나요?"라고 물 어오자 "요즘 사람들은 신문을 읽지 않는데 매일 신문을 읽어라. 그러 면 크게 도움이 될 게다"라고 타일렀다.

2007년 6월 3일 한국에 들른 앨빈 토플러. 그는 서울 강남구 삼성동 코엑스 컨벤션홀에서 한국 청소년들에게 강의했다. 미래학자인 토플 러는 "내 통찰력의 원천은 끝없는 독서와 사색이다. 책과 신문을 읽고 다양한 경험을 해라. 나는 아침마다 신문을 읽느라 손끝이 까매진다”고 강의했다.

나는 이들 두 사람보다 신문 읽기의 유용함에 대해 더 잘 얘기한 인물로 존 나이스비트를 꼽는 편이다. 그는 《마인드 세트(Mind set)》란 상당히 유용한 책에 이렇게 써 놓았다. “언론은 변화를 먹고 산다. 혼란스런 세상을 꿰뚫어볼 수 있는 눈을 갖게 한다. 미래를 덮고 있는 커튼을 걷어내는 데 가장 필요한 원천은 바로 신문이다.”

왜 신문을 읽어? 인터넷 보면 되는 거지. 그렇게 말하고 싶은가. 그러면 그렇게 하시라. 당신은 워런 버핏이나 앨빈 토플러를 바보라고 비웃는 셈이 된다. 그들은 바보가 아니다.

신문과 인터넷을 읽는 것의 차이는 무엇일까. 매우 현명한 모범생들에겐 차이가 없을 수 있다는 게 내 생각이다. 문제는 대다수 사람은 모범생 노릇하는 것을 괴로워한다는 사실이다. 인터넷 출현 이래 신문은 좋은 분석 기사나 세상 트렌드를 설명하는 데 점차 비중을 많이 할애한다. 고난도 이론을 전개하는 칼럼을 읽으며 당신의 관점과 비교하고 '앗! 이럴 수가'라면서 당신은 한 단계 업그레이드될 수 있을 것이다.

신문은 갈수록 분석의 도구가 돼 간다. 신문 지면은 이제 국내뿐만 아니라 전 지구적인 학자들의 아이디어 경연장으로 바뀌어 간다. 뉴스를 읽는 차원을 뛰어넘어 사유와 문화를 공유하는 세계로 들어가는 것이다.

습관처럼 하루, 이틀, 1년, 2년을 계속 읽어 나가면 버핏 말대로 도움이 될 것이다. 머릿속에서 당신을 이끄는 나침반을 새롭게 만들 것이다. 그 내용들을 잘 섭취한다면 당신 혹은 자녀의 내공은 까마득히 높아지리라.

그렇다면 인터넷은? 신문기사도 다 읽고 미국·일본·유럽 언론까지 인터넷으로 뒤져 읽는 현명한 독자도 있다. 이들에게 인터넷은 발전의 원동기가 된다. 필자 주변에도 그런 사람들이 있고 존경스럽게 바라본다. 그러나 인터넷에 빠진 90% 이상은 쓱 단발성 뉴스를 몇 개 훑다가 바로 자극적인 연예인 기사나 폭력, 성인물 쪽으로 빠지기 마련이다.

당장은 자극적인 것들이 시선을 잡아당김에 몸을 내맡기면 어느덧 머릿속은 쓰레기로 넘쳐날 것이다. 세월이 흘러 한 달, 두 달, 3년, 4년이 경과하면? 당신의 머리는 산처럼 쌓인 쓰레기더미에 짓눌려 있을지도 모른다.

덴드로칼라무스기간티우스. 로마시대 검투사 주인공을 연상케 하는 이 명칭은 놀랍게도 37미터 높이로 자란다는 대나무의 학명(學名)이다. 그런데 이 대나무를 심어 놓으면 3년이 넘게 죽순싹도 머리를 내밀지 않는다고 한다. 4년째 어느 날 갑자기 땅을 가르고 나온 어린 죽순은 자라는 게 눈으로 보일 만큼 30미터 이상을 거침없이 뽑아 올린다고 한다. 3년, 4년 준비하면 그렇게 무서워지게 마련이다.

나폴레옹, 카네기, 제왕학의 현자 당태종 이세민, 누구 할 것 없이 독서광이 아니면서 성공한 이들이 과연 있었는가? 습관은 제2의 천성이다. 어렸을 적부터 일찍이 신문을 읽는 것은 성공 티켓을 어느 정도 예약한 거나 진배없다.

〈대학신문〉이란 곳에서 대학생들의 신문 읽는 태도를 조사해 놓은 결과를 보면 재미있다. 명문대 메이저(Major)학과 학생일수록 신문을 거의 다 구독한다. 그들은 출발선상도 유리하지만 좋은 습관도 먼저 들였다. 그들은 자신의 내부에 아주 크게 자랄 싹을 키워가고 있다.

덴드로칼라무스기간티우스!

성공을 좌우하는 85%의 힘

'카리스마'란 말은 고대 그리스에서 유래한 말로 '드물게 신의 은총을 받은 신성한 재능'이란 뜻이다. 쉽게 말해 '거부할 수 없는 매력'쯤 될 것이다. 그런데 요즘 아이들은 형편없는 3류 가수에게도 카리스마란 단어를 갖다 붙인다. 19세기까지만 해도 천재는 한 세기에 한 명 나올까 말까 하는 인물이었다. 하지만 오늘날엔 천재 수가 인구의 몇 %쯤은 되는 것 같다. 서로 칭찬하다 보니 그렇게 된 것이다.

어빙 고프먼(Erving Goffman)이라는 사회심리학자의 말에 따르면 "이것은 암묵적 합의"다. 그래야 사회가 유지되기 때문이다. 서로를 기분 좋게 하는 윤활유다. 이것이 곧 아부다. 온 세상이 아부 무대다.

아부에서 자유로울 사람은 이 세상에 없다. 미국 대통령일지라도 부하직원 아이 돌잔치에 가면 "세상에서 이렇게 예쁜 애는 처음 보네"라고 말해야 한다. 뭐가 처음이긴 처음이야. 하기야 대통령은 타고난 아부쟁이여야 한다. 우리나라 대통령들도 당선이 확정된 순간 "국민이 위대한 선택을 했다"고 치켜세웠다. 레이건은 "미국인의 지혜를 믿었을 때 저는 한 번도 실패해 본 적이 없습니다"라고 말했다. 입안에 사탕을 가득 물고 다니는 사람 같다.

앨 고어는 클린턴 밑에서 부통령을 할 때 대통령이 농담을 던지면 항상 가장 큰소리로 오랫동안 웃었다. 그 덕분에 민주당 대선 후보 자리를 따내는 데 성공했지만 본선에서 미역국을 먹었다.

정말 그럴 리가 없는 강직한 인물이라도 아부 볼(Ball)이 자신을 향해 거칠게 날아들면 벌떡 일어나서라도 캐치(Catch)한다는 게 인간 심리라고 한다. 리처드 스텐걸이 쓴《아부의 기술》에 나오는 얘기들이다.

노무현 전 대통령이 물러난 해인 2008초 대한상의 신년 하례식에 참석할 기회가 있었다. 매년 초 이 자리에는 정부 장·차관과 대기업 회장이나 사장, 은행장 등 금융기관장, 언론사 CEO 등 대략 1,000여 명이 참석하고 대통령이 영신(迎新)을 축원한다. 이날도 마찬가지였다. 그런데 이날 노무현 대통령이 발언한 내용이 신문지면을 크게 장식했다. 노 대통령은 축원은 없이 눈을 크게 뜨고 첫 마디부터 비비 꼬았다.

"…나가는 모습이 아름다웠으면 오죽 좋겠습니까? 그런데 아직 한국에서는 나가는 모습이 화려했던 대통령은 아직 한 분도 안 계시어

은근히 위안이 됩니다." 청중 사이에서 웃음이 나왔다. "나가는 길이 그렇게 화려하지 않더라도 등 뒤에서 구정물을 확 뒤집어씌우거나 소금을 확 뿌리든지 그런 거 좀 없었으면 하는 게 희망입니다." 웃음소리가 좀 더 커졌다.

"경제… 경젭니다. 내가 국민소득 1만 2,000달러에서 물려받았는데 환율 덕을 좀 봤겠지만 올해 2만 달러 갔습니다. 올해 5% 성장했습니다. 주가는 3배나 올랐습니다. 그런데 지금이 경제 위기입니까? 정상이죠. 사교육비 20조 원, 이 통계는 잘못된 통계입니다. 하여튼 저한테 유리한 통계는 안 돌아다녀요." 이번엔 좀 미묘한 킥킥 웃음이 나왔다.

노 대통령은 대략 5~6번 참석자들의 웃음을 자아냈으니 성공한(?) 연설이었을까? 결론은 고프먼 방정식을 깬 셈이었다. 대화는 왕복으로 소통되는 법인데 일방통행 식으로 흘렀으니까.

1996년께 김영삼 당시 대통령은 일본이 독도 문제를 건드리자 "버르장머리를 고쳐주겠다"고 독설을 퍼부은 일이 있었다. 일본 언론은 "'버르장머리를 고친다'는 할아버지가 손자를 나무라는 뜻"이라고 풀이해 대서특필했다. 이듬해 한국이 국제통화기금(IMF) 구제금융체제에 접어들자 일본은 한국을 돕지 않기로 결정했다(그린스펀 회고록 참조). 말 한마디로 수천억 원, 수조 원을 날린 셈(?)이다.

사실 대한상의 연설에서 대통령 스스로 꿀릴 게 없다고 말한 성장

72

률 5%와 주가지수 3배 상승을 만들어준 힘은, 그 자리에 참석했던 청중들로선 '자신들 덕분'이라고 생각했을 가능성이 크다. 그렇다면 그들은 채권 의식을 갖고 있었을 것이다. 빨리 우리를 칭찬해달라고. 만약 그랬더라면 웃음소리보다 박수가 먼저 터지지 않았을까. '정말로 재미있다'는 동의에 바탕을 두지 않은 허허한 웃음일 수도 있다.

《친구를 얻고 사람을 움직이는 방법》이란 책으로 히트한 데일 카네기는 경제적 성공의 원인이 15%의 기술적 지식과 85%의 인간관계 기술에 있다는 결론을 내렸다. 1930년대 대공황으로 신음한 미국인들은 카네기의 저서 덕분에 우울증에서 벗어날 수 있었다고 한다. "비난은 무익하고 위험하다. 자존심에 상처를 입은 상대는 방어하려 들고 반항심만 갖게 된다.", "그들을 치켜세워라. 중요하다고 느끼게 해줘라." 카네기의 명언들이다.

문득 '스텔스'란 영화의 끝 장면이 생각난다. 여주인공은 항공모함 갑판에서 사랑을 고백하지 못하고 우물거리는 남자 주인공한테 멘트를 던진다. "그냥 사랑한다고 해, 이 바보야!" 올곧고 똑바르기만 한 당신, 그냥 칭찬도 하고 아부도 하라니까!

PART 02

경제를 읽는 눈

...

모나리자 가격은 얼마인가

모나리자 가격은 얼마인가 1

　삼성가와 연루돼 세상을 뒤집어 놓은 리히텐슈타인의 '행복한 눈물'이란 그림 값이 300억 원을 호가한다는 보도가 있었다. 문득 세계 그림 중 가장 유명한 '모나리자'의 그림값은 얼마나 할까 궁금해진다.

　방탄유리로 둘러쳐 있는 모나리자를 루브르박물관에서 두 번 관람한 적이 있다. 찬란한 빛 속의 그녀는 여유 있는 미소를 머금고 있었다. 미술책에 박제된 그녀는 루브르에선 살아 있다. 한번은 미국 전시회에 외출해(1963년) 생존해 있는 대통령들에게만 먼저 관람할 기회를 주었는데 모나리자는 그들을 사열하듯 내려다봤다는 기록도 있다.

　왜 별로 예쁘지도 않은 그녀는 도도해 보일까? 그림 속 그녀는 몇 살이었을까? 결혼은 했을까? 처녀였을까? 이 그림을 그리는 데 얼마나 많은 시간이 걸렸을까? 왜 입을 벌리고 웃지 않고 알 듯 모를 듯 미소만 지었을까? 그윽한 눈빛은 초상을 그린 레오나르도 다빈치와 연인 사이임을 말하려는가? 화가와 모델 둘 다 이탈리아 사람인데 왜 파리에서 500년 이상을 머물고 있는 걸까? 그녀는 정숙했을까? 팜므파탈이었을까? 이 그림의 모델인 리자 게라르디니는 다빈치가 그린 다른 여인, 체칠리아 갈레리나 혹은 루크레차 크리벨리보다 신분도 낮고 미모도 떨어지는데 하필 그녀만 떴을까?(이런 의문을 풀고 싶으면 도널드 새순이 쓴《모나리자(Mona Lisa)》를 읽으면 된다)

필자는 솔직히 그림에 대해선 '젬병'이다. 미술품 경매에서 클림트의 그림 '키스'가 1,400억 원을 돌파하고, 미국 표현주의 작가 잭슨 폴록의 '넘버5'가 그보다 500만 달러 더 높은 값에 거래돼 소더비 경매 사상 최고가를 갈아치웠다는 기록, 그리고 '행복한 눈물' 소동이 모나리자의 몸값을 더욱 궁금하게 했을 뿐. 그래서 인터넷에 조회해 봤더니 '모나리자의 몸값은 매길 수 없음'으로 돼 있었다.

도저히 짐작이 안 간다. 상상력을 아주 거칠게 휘둘러 본다면 방법이 하나 있을 것 같긴 하다. 모나리자 때문에 프랑스가 연간 벌어들이는 금액에 금리를 감안해 원금을 역추적해 보는 방법이다.

1년에 루브르박물관을 찾는 관광객 수는 대략 830만 명(2006년 기준)이고 이들을 대상으로 "뭘 보러 루브르에 왔느냐"고 물으면 85% 가량이 "모나리자"라고 대답한단다. 숙제하듯 모나리자를 급히 봐 치우고 그래도 시간이 난다면 다른 '쓰레기들(루벤스 렘브란트 등)'을 관람한다고 아트 부크알드가 말했다. 그 쓰레기들도 리히텐슈타인보다 1,000배는 더 유명할 것이다.

루브르는 성인 입장료가 13유로이므로 830만 명을 곱하면 1억 800만 유로다. 매년 이 정도를 벌어준다 치고 수익률을 5%로 적용하면 20배인 21억 6,000만 유로가 정가(定價)가 될 것이다. 약 32억 달러, 그러니까 한화로 3조 원이 약간 넘게 된다. 여기서 15%를 할인해야겠지만 유럽 금리가 대략 4%이므로 25%를 되레 높여야 한다는 점, 그리고 매년 관람객 증가 추세를 감안하면 50%쯤 높여 4조 5,000억 원으로 쳐야 안전할 것 같다.

이 셈법은 단순히 수익률 계산이고 지구상 오로지 한 점이라는 희소가치와 불황을 모르는 영원한 수익성 창출을 감안하면 10배를 더 쳐 40조 원쯤으로 봐야 할까?(물론 이런 셈법은 터무니없으므로 마음껏 비웃어도 좋다)

모나리자는 1849년에 9만 프랑으로 기록돼 있다. 당시 파리의 좋은 중산층 주택이 5만 프랑이었고 라파엘로의 '세례자 요한'은 40만 프랑, '신성한 가족'은 모나리자보다 7배 가까이 비싼 60만 프랑이었다고 하나 지금은 존재가 희미하다.

무엇이 그림 값을 올리고 또는 내리는 작용을 할까? 그림 값은 상승의 법칙만 있는걸까?

전문투자가 바턴 빅스는 그림은 주식과 달리 순전히 유행이나 기호에 의해 결정되며 화랑가의 불황은 조용하고 모질다고 경고한다. 러시의 미술품지수는 1925년을 100으로 칠 때 1929년 165까지 올랐다가 1934년 50으로 곤두박질쳤다.

러시아의 예카테리나 대제는 1780년 귀도 레니의 그림을 한 점에 3,500파운드에 샀지만 1958년까지는 한 번도 이 값을 회복하지 못했다. 19세기 영국 미국의 수집가들은 사납게 휘몰아치는 야외 풍경과 건장한 몸뚱이로 일하는 사람들을 묘사하는 그림을 좋아했다.

하지만 고통과 불행을 싫어하는 풍조가 되자 이런 그림은 거래조차 안 된다. 18세기에 유행했던 무겁고 칙칙한 초상화 역시 같은 운명. 1921년 웨스트민스터 공작이 미국인 실업가에게 1,000만 달러에 팔았던 초상화가 게인스 버러의 '푸른 소년'은 2002년 런던에서 150만 달러에 팔렸다. 1990년대 초 일본인들이 거품을 일으키며 미친 듯이 사들였던 후기 인상파 그림은 수년 후 매입가의 8분의 1에도 안 팔려 몸부림쳤다.

빅스는 말한다. 아마추어들이여, 그림을 사서 소장하려 들지 말고 화랑 전시품을 공짜로 즐겁게 관람하시라!

모나리자 가격은 얼마인가 2

　2,900만 원짜리 물건이 1년 10개월 만에 5억 7,000만 원으로 뛰었다면 버나드 쇼의 말을 빌리지 않더라도 질투를 불러일으키기에 충분하다. 2007년 김종학 화백 그림값이 그랬다. 화랑가가 들썩인다기에 그쪽을 취재하는 기자에게 기사를 써보랬더니 김종학 화백은 약 20배, 김형근, 권순철, 오치균 화백 작품은 13~16배나 뛰었다는 것이다.

　그림값이 뛰는 이유, 그리고 어느 화가가 유망한지 알 수 있는 무슨 묘법이 있는지 궁금해서 가장 유명한 옥션, 그리고 화랑 대표와 약속을 잡았다. 뭘 좀 배워 보려고. 그런데 한 시간여 만에 속 시원하게 알 방법이 있겠는가. 그래서 미술품 투자에 관한 10계명 같은 것을 정리해 좀 보내 달라고 했다. 다음 몇 가지는 A옥션 대표가 추천한 그림 고르는 5계명이다.

　1. 미술품 전시장을 찾아 당신 감성을 자극하는 작품을 스스로 골라

보라.

2. 그 작품이 왜 맘에 드는지 스스로에게 말로 설명해 보라.

3. 이런 연습을 반복하면서 전시장 방문 내용을 반드시 메모하라.

4. 실전으로 들어가 마음에 드는 작품이 있으면 전시장 큐레이터, 옥션하우스 스페셜리스트에게 작품에 대한 조언을 들어라.

5. 만날 수 있으면 작가를 직접 만나 창작 배경과 작가의 열정 등을 직접 확인하라.

이러한 단계를 지나면 즐기면서 투자하는 실전단계로 넘어가 다음 행동요령을 따르라고 한다.

A. 유력한 화랑이나 옥션에서 구입할 것. 그 이유는 유망 화랑은 소개하는 작가에 대한 책임감, 후원 육성 의지 등이 있고 때에 따라서는 반품도 받아주기 때문이다.

B. 미술시장에 대한 정보를 놓치지 말고 수집할 것. 네이버 등에서 미술품 투자클럽이나 동호회 같은 곳에 가입해 트렌드 리포트를 받아보고 공부하라는 얘기다.

C. 구입한 미술품은 가까이 두고 철저하게 즐기며 구입 작품에 대한 메모도 하라고 권한다.

이번엔 화랑 대표 K씨가 제시한 '좋은 작품 사는 요령'이다.

첫째, 값이 비싼 작가의 비싼 그림을 구입하라. 둘째, 가격 흥정을 하지 마라. 셋째, 지불은 가능한 한 빨리 해 버려라. 넷째, 좋아하는 취향의 작품을 골라라. 다섯째, 전문성 있는 주제를 갖고 모아라. 여섯째, 국제 화단을 주시하라.

이상 전문가 두 사람의 설명을 들으면 그림을 고르는 법도 주식이나 부동산처럼 기초지식을 공부해야 하고, 더 나아가 확고한 투자 철학을 요구함을 알 수 있다. 실제로 A옥션 대표는 몇 가지 그림 투자를 위한 철학을 열거했다.

"최근 소비패턴이 감성 중심으로 바뀌어 가는 추세다. 미술품에도 이러한 시대정신이 반영된다. 따라서 자기 마음속에서 아직 발굴되지 않은 섬세하고 개성적인 감성을 개발·자극하는 교육적 투자 관점에서 출발하라. 다음으로 스스로 즐기는 것(自娛)을 목적으로 삼는 게 좋다. 결국 모든 투자에는 리스크가 따르는 것인 만큼 리스크 헤지를 준비하는 게 좋다. 그러려면 마음에 끌리는 작품을 사야 한다."

미술사(美術史)를 보면 싸구려 그림이 최고 명화로 둔갑하고, 최고 자리에서 나락으로 추락하기도 한다. 바로 고흐가 그렇다. 그는 실패 그 자체였다. '달과 6펜스'에서 고갱은 그를 하인보다 못한 존재로 취급했고 뭐든지 이글거리며 빙빙 도는 형상으로 그려낸 이 미치광이는 창녀에게 사랑의 증표로 귀를 베어 소포로 부쳤고 끝내 자결한 인물이다.

이 흙탕물이 황금의 물인 엘릭시르(Elixir)로 둔갑한 데는 일본인들의 '해바라기' 열풍이 마법으로 작용했다. 인생 자체가 고통의 기호였던 고흐는 순교자로 살아났다. 1987년 3월 고흐 그림은 화산보다 맹렬하게 폭발했다. 그의 부활에는 정확하게 4분 30초가 필요했다고 미술사가 피로시카 도시는 저서《이 그림은 왜 비쌀까》에서 적고 있다.

리처드 러시(Richard Rush)라는 미술사가가 연구해보니 미술품에 장기 투자할 경우 연간 9~10% 수익률을 나타낸다고 한다. 그런데 콘트라티에프 장기파동이 곧잘 나타나 길게는 50~60년간 장기순환하는 습관을 가진 게 또 다른 특징이다.

미술품 가격인 아트지수를 100을 기준으로 했을 때 1990~94년에는 52%나 폭락했다. 19세기, 20세기 고가품들도 60%나 폭락했다. 그림값과 그것을 결정하는 내생변수는 ①미술사가가 어떻게 평가하는가 ②누가 그렸는가 ③엘리트 집단 취향은 어떠한가 ④그 그림에 얽힌 일화가 얼마나 많으며 자주 노출되는가 등으로 요약된다.

통화전쟁, 무슨 일이 벌어지나

　경제가 불황에 빠지면 모든 나라 정치인들은 자국민들부터 먹여 살려야 하는 큰 압력에 직면한다. 그걸 해결하지 못하면 선거에서 패배해 권력을 내놓아야 한다. '다른 나라에 피해를 주더라도 내국민부터 살려놓자'는 정책수단이라도 강구하게 되고 그것이 바로 '이웃국가 거지만들기(Beggar thy Neighbour) 전략'이다. 신문에 '근린궁핍화'라고 나오는 그 용어다. 2013년 초 일본의 아베 신조 총리는 중앙은행이 돈을 무한정 풀게 해 엔화가치를 떨어뜨림으로써 일본기업 수출경쟁력을 높이려 했다. 그 결과 경제를 살려내겠다는 게 일본판 통화전쟁의 시작이었다. 인플레 목표 2% 제시를 곁들였다.

　이것은 다른 나라 기업의 이익 물꼬를 강제로 자기 나라로 돌려 일자리까지 늘리려는 일석이조를 노린 것이다. 아베노믹스로 엔-달러화 환율은 80엔대 초반에서 95엔대를 넘볼 때까지 단숨에 솟구쳤다. 도요타, 닛산을 위시한 자동차 회사들, 그리고 소니 등 전자회사 주가가 최고 40%까지 용수철처럼 뛰어올랐다.

2월 16일 모스크바 G20재무장관 회의에서 "우리는 경쟁적 평가 절하를 자제하고 경쟁 우위 확보를 위한 목적으로 환율목표를 설정하지 않는다"는 성명에 100엔대 돌파도 시간문제라는 전망이 나왔다.

양적완화(QE)를 통한 통화전쟁은 이자율이 거의 제로수준이어서 더 이상 금리하락을 통한 정책수단이 없을 때 취하는 수단이다. 한국의 경우 금리가 3%에 약간 못 미친 수준으로 경기처방을 하려면 금리인하나 추경예산을 쓰면 된다. 일본이나 미국은 세수부족으로 추경을 쓸 자신도 없다.

일본의 통화 살포를 통한 양적완화의 경로를 쉽게 설명하면 이렇다. 일본정부가 채권을 발행하면 일본은행이 사준다. 돈이 생긴 일본정부는 여러 가지 사업, 가령 노루밖에 안다니는 산간 도로를 건설한달지, 아니면 다른 사업을 벌여 시중에 확 돈을 뿌린다. 그러면 일본 돈과 달러의 교환가치에서 달러 값은 오르고 엔화는 하락한다(3개월만에 15%가량 하락했다).

엔화 약세로 일본의 도요타가 수출할 때 종전 같으면 2만 달러에 수출할 자동차를 15% 할인한 1만 7,000달러에 수출해도 된다. 이 피해를 전 세계 자동차판매시장에서 경쟁하는 한국, 미국, 독일 업체들이 입는다. 일본차는 더 잘 팔리니 고용을 늘리고 이익도 커지게 된다. 뿐만 아니다. 일본이 돈을 풀면 돈 가치 하락을 염려한 자금이 일본에서

탈출해 한국 같은 곳으로 몰려든다. 일본의 양적완화 불똥 때문에 한국의 돈 가치가 올라간다. 통화전쟁이후 원화가치는 엔화에 비해 단숨에 10% 이상 뛰었다. 그러면 한국의 자동차, 전자업체는 수출가격이 높아져 더 안 팔린다.

일본기업과 전 세계 시장에서 헤드투헤드(Head to Head) 경쟁하는 상품인 TV, 카메라 등 가전제품, 심지어 삼성전자의 갤럭시를 비롯한 핸드폰, 선박수주, 철강 수출 등에서도 일본에 비해 한국은 불리한 위치에 선다.

이것이 바로 통화전쟁의 공격 포인트다. 이렇게 나만 살자고 하면 다른 나라도 곧바로 보복을 하고 감정이 쌓이면 전쟁의 포화로 연결되는 게 인류의 역사였다. 1929년 대공황 발발 직후 미국이 도입한 스무트-홀리법이 대표적인 사례다.

역사학자 존 스틸 고든은 대공황을 촉발한 게 주가폭락이 아니라 1930년 6월 1일 통과시킨 스무트-홀리법 때문이라고 지적했다. 당시 후버대통령은 선거공약으로 농민보호를 위한 농산물관세 인상을 실행에 옮겼다. 제조업자들에게서 공산품 관세율도 높여달라는 청원이 빗발치자 리드 스무트(Smoot) 상원재무위원장과 윌리스 홀리(Hawley) 하원의원이 공산품 평균관세율을 40%에서 59.1%로 올리는 법안을 발의했다. 이때 어빙 피셔 등 경제학자 1,028명이 연대 서명해 그 법안이 통과되면 다른 나라들이 보복조치를 취할 것이고 세계경제는 파국을 맞을 것이라며 후버대통령에게 거부권을 행사하라고 탄원했다. 후버는 듣지 않고 법안에 서명했다. 이후 캐나다, 영국, 독일, 프랑스가 미국공산품에 보복관세를 때렸다. 서로 관세장벽을 올리니 세계무역규모는 1년 새 30%가 줄었다. 불황은 공황으로 치달았고 독일은 전비상환능력이 없다며 나치가 집권하면서 제2차 세계대전의 불길로 인류를 몰아넣었다.

통화전쟁을 선포한 일본은 과연 이익만 보는 걸까? 일찍이 밀턴 프리드먼은 '모든 통화공급은 단기적으로는 경기부양 효과가 반짝 있으나 장기적으로는 물가만 올리고 말지 다른 효과는 전혀 없다'는 사실을 정밀한 공식을 통해 증명했다. 경제학자들은 이 공리를 깨지 못했고 지금도 진리다. 경제에 있어 뽕이고 캄푸르주사일 뿐이다.

우선 일본 엔화가치가 떨어지면 에너지, 식료품 등 주요수입품 가격을 더 주고 사와야 하므로 대다수 국민이 고통을 당한다. 제품 경쟁력이 있는 도요타 자동차는 팔릴지 모르나 삼성의 갤럭시 대신 수준이 떨어지는 소니 제품을 사라는 보장은 없다. 결국 경쟁력이 뒷받침되지 않은 채 싼 맛에 제품을 사라는 건 한계가 있다. 일본 경제가 죽은 것은 신제품이나 세계적 히트상품을 못 내서 그런 거지 단순히 환율 탓은 아니다. 단박에 수출은 안 늘어나고 수입품에 비싼 값을 줘야 하니 무역적자가 최대 규모를 기록하고 말았다.

일본의 통화전쟁 발발에 한국을 위시해 브라질, 유로존 국가들이

반발한다. 우리도 통화전쟁 극약, 즉 히로뽕을 풀겠다고 으르렁거리기도 한다. 이런 큰 싸움이 벌어지면 역시 미국의 힘이 가장 세다. 미국 자신이 2008년 금융위기 이후 가장 먼저 양적완화를 시작했다. 아니 역사적으로 금본위제 폐지 이후 달러화 가치를 가장 많이 하락시키면서 미국 국가부채의 실질 부담을 떨어뜨려 이득을 봤다.

1930년대에 당신의 할아버지가 100달러를 장롱에 숨겨놓았다면 지금은 5달러 가치밖에 안 된다. G20회의에서 한국, 브라질 등의 나라는 성명서에 'Beggar thy Neighbour'란 표현을 넣자고 주장했다. 그런데 일본이 그런 성명서는 못 받겠다고 미국에 읍소했다. 국제회의에서 '정의'가 아니라 '결론'은 강자, 즉 미국의 편이다.

오바마 2기 시대 미국의 정책은 아시아중시(Pivot)이다. 파워가 중국을 위시한 아시아에 쏠리니 서방은 초조하다. 미국이 20년간 들은 체도 않은 미국-EU 간 FTA체결을 하겠다고 나선 것도 'West'가 'Orient'에 비해 초라해진 데 따른 반작용이다.

그 정점에 세계 2위로 우뚝 솟아오른 중국이 있다. 센카쿠 열도(중국명 댜오위댜오) 분쟁을 둘러싸고 미일 간 방위조약에는 일본이 공격받으면 미국은 자동개입하게 돼 있다. 중국을 포위하고 싶은 미국은 아시아 최우방이 일본이다. 모스크바 G20 재무장관회담에서 미국은 일본의 손을 들어줬다. 일본이 대놓고 환율을 조정하고 싶다는 말만 않았지 국내용 정책이라며 숨어서 하는 짓을 모두 눈 감겠다는 것이다.

　프리드먼의 말대로 돈이 쌓이면 인플레 압력은 높아진다. 정치인들은 국민이 주가, 아파트, 천연자원 등등 무엇이든지 값이 올라 부자가 된 기분으로 행복해 하면 땡큐다. 그것이 거품의 실체이고, 거품이 커지면 경제위기가 고조되면서 나중에 뻥! 터져 중산층 이하 계층을 엄청난 불행 속으로 처넣어 버린다.

기술발전도 끝나간다

모든 궂은일을 자동시스템이나 로봇이 하는 세상이 오면 노동과 자본은 과연 무엇이란 말인가? 너저분한 경제 불황을 처방하는 문제가 해결되고 나면 진정 경제학자들이 묻는 물음은 그것이다.

이 물음의 기저엔 어쨌든 기술발전은 지속된다는 전제가 깔려있다. 고든 무어가 1965년 선언한 2년마다 마이크로칩에 트랜지스터가 두 배로 늘어난다는 법칙은 무시하기 어려웠다. 그 법칙은 아직 거부당하진 않으나 곧 사멸될 것이다. 기술진보의 법칙은 그렇게까지 되지는 않는다.

노스웨스턴대의 로버트 고든은 "지난 250년간의 기술진보는 역사상 유일한 에피소드이며 앞으로 생산성은 저하될 것이고 늘어나는 불평등을 보면 인류 삶의 질은 더 이상 빨리 개선되지 않는다"고 봤다.

이러한 경향을 설명하는 사조는 경제학자들의 신뢰를 얻기 시작했다. 기술발전이 쳐져서 그런 게 아니라 독점의 이해가 창의력을 질식

90

시키기 때문이라는 것이다. 그럴 동기유발이 점증하고 있다는 것.

기업들은 발전과 효율을 거부할 충분한 동기를 가지게 됐다. 왜냐하면 돈이 안 될 일을 벌이지 말고 이문을 챙기자는 발상이다. 애플은 1,370억 달러나 현금을 쌓아두고 어쩔 줄을 몰라 대표주주에게 소송을 당했다. 그 돈을 쌓아두느니 차라리 배당을 하여 주주가 소비로 돈을 돌리면 차라리 경제성장이라도 이뤄질 게 아닌가?

그런데 기업은 선뜻 이익을 내기가 어려울 것 같고, 그러한 신기술도 안 나오니 회사에 현금을 쌓아두고 있는 시대다. 전 세계 대기업들이 서로 눈치만 본다. 케네스 로고프가 "독점이 창의력을 얼마나 죽여버리는지 걱정스럽다. 특허기간을 늘려가는 최근 경향이 문제를 더욱 악화시키고 있지 않은가?"라고 한탄했던 것도 같은 맥락이다. 기술특허를 가진 기업이 20년간 독점적으로 시장을 차지하게 돼있으니 새로운 창의력의 동력은 스톱했다.

기승을 부리는 특허전쟁, 거대 기업들이 투자를 않고 돈다발을 쌓아두려는 경향이 이 이론을 더 뒷받침한다. 애플은 신기술을 개발하기는커녕 삼성전자 같은 기업의 팔을 비틀어 소송으로 1조 원(10억 달러)이상 챙기는 짓을 눈 하나 꿈쩍 않고 벌인다.

스타트렉에서 선장 커크는 자본주의 이후 세계의 사람으로 그려진다. 복사기술, 인공지능, 텔레포테이션, 워프 여행이 돈조차 필요 없는 풍요의 세계에 머물게 한다. 스타쉽 엔터프라이즈 승무원은 감히 전

인미답의 세계로 가지 않으려 한다. 그런 대가를 받지 않았으므로. 그들이 여행하는 이유는 목적의식, 모험심뿐이다.

스타트렉의 세계는 마니교 같은 스타워즈와는 다른 우주다. 돈과 이윤은 인간을 움직이는 우선요소다. 스타워즈 광팬의 시사점 대로 은하계의 자원과 기술을 독점 장악하는 교역연방(트레이드 페더레이션)을 콘트롤하는 이야기를 들려준다. 이 픽션의 스토리는 현실 지구 세계의 삶과 닮아 있다. 선택에 직면한 풍요의 세계다.

장차 기술과 자원이 민주화될까 아니면 극소수의 수중에 쥐어져 있을까? 폴 크루그먼이 논쟁했듯이 과도한 시장의 파워는 자본에 대한 렌트를 쉽게 올릴 수 있다. 기업이 받는 투자에 대한 보상은 확 줄이면서.

이것은 오늘의 경제위기를 반영한다. 낮은 실질임금, 낮은 이자율, 과도한 실업률 속에 어떤 기업의 이윤은 폭등하는 역설이다. 그것이 끊임없는 불평등을 야기한다. 결국 휴먼캐피털이 물리적 캐피털로 대체될 때 발전의 과실은 기술소유자에게 넘어가, 새로운 렌탈 계급이 태어나고, 경제적 문제를 야기하고… 해결하기는커녕 그런 과정이 지속될 뿐이다.

자본주의 어디로 가나

《자본주의, 어디서 와서 어디로 가는가》로 저명한 로버트 하일브로너는 자본주의가 현재 3가지 난제(①고용없는 성장과 실업, ②불평등, ③글로벌화[기후변화, 자원고갈])에 부딪혀 있다고 지적한다.

유럽 국가들은 지난 30년간 자본주의를 열심히 했는데 과실은 미국이 다 따먹었다며 불만이 드높다. "기업은 옳은 일을 하고 있는가"를 묻는 에델만 지수도 50% 미만으로 추락했다. 더욱이 미국인들조차 자본주의에 대한 반대율이 40%로 높아졌다.

2011년 점령운동(Occupy movement)에서 드러났거니와 대열에서 낙오한 사람들은 금융인, 톱경영인 등 승자가 독식하고 중간층 밑으로는 미래가 없다며 분개한다. 왜 리먼 사태 이후 그런 증세가 심화된 걸까? 그리고 현대 자본주의의 병(病)은 고칠 수 있는 걸까. 경제발전 단계로 보면 인력은 덜 투입하면서 훨씬 고급품을 만드는 게 가능한 기술발전을 이뤘다. 승자 기업의 이익은 천문학적이고 CEO 보수는 하늘을 찌른다. 애플의 CEO 팀 쿡은 연봉 4,300억 원가량(2011년)을 챙겼다. 미국의 대기업 CEO 연봉은 근로자 평균치에 비해 1975년 35 배에서 2010년에는 325배로 폭등했다.

뱅커들의 탐욕은 줄어들 줄 모른다. 국민 혈세를 들여 구제금융을 통해 살려놓으면 은행 임직원들은 곧잘 보너스 잔치를 벌이고, 쥐뿔 금융도 모르는 자들이 연줄로 고위직을 차지하니 국민의 분노와 냉소는 더하다. 연예인, 스포츠 스타의 소득도 특수하다. 이 운 좋은 소수의 재능가들은 슈퍼리치의 반열에 올라 있다. 미국에서 보통일을 하는 자들의 급여는 1973년 불변가격만도 못하다. 중간층은 이제 텅 비었다.

시간이 흐를수록 기술이 더 발전하니 패자(Looser)는 더 양산된다. 취직만 해도 어찌 살아보겠는데 청년실업 증가로 결혼도 못하는 하류 인생이 넘쳐난다. 이것이 21세기 현재 자본주의 모습이다.

자본주의가 덫에 빠진 것은 그동안 성공에 성공을 거듭한 때문이라는 로런스 서머스 교수의 분석이 맞는 것 같다. 기업, 기술 하나하나를 뜯어보면 성공했는데 자본주의 전체로는 낭패스러운 구성의 모순이다.

이 위기가 치유 가능할 것인가? 서머스는 최소한 5년 내에는 인류가 그런 발명품을 낼 것 같지 않다고 말한다. 너무 발전해 버렸는지 모른다. 잉여 인력을 받아줄 신산업의 싹이 안 돋는다.

국가는 낙오자를 복지로 챙겨야 하고 그러자니 예산이 더 필요하고 그래서 부자들은 세금을 더 내라는 독촉이 전 세계 공통 현상이다.

우리 국회도 부유세 성격의 소득세개편안을 한밤중에 갑자기 두들 겼다. 재벌들도 눈치 보느라 운신이 부자연스럽다. 이건희·정몽구 회 장이 연초 신년사에서 국민기업, 사회적 역할을 거론했는데, 몇 년 전 이라면 귀를 의심했을 말이다. 그동안 MRO를 포기했고 동반성장 기 치에 박수를 보내고, 비정규직을 정규직으로 바꾸고, 금융권은 고배 당을 자제하겠다고 선언했다. 민주통합당 정치인 가운데는 재벌 해체 를 내세우는 자도 있다.

한국형 자본주의가 바뀌는 현장에 우리는 서 있다. 사회주의 색채 가 피어오른다. 성장과 선진화를 말하는 정당은 없다. 어디로 가자는 건지 이정표가 없다. 정치권은 일단 바꾸고 봐야 표(票)가 나오겠다고 쫓기고 있다.

설사 한국의 자본주의가 좌클릭한다 해도 뉴모델에 대한 합의는 필 요하다고 본다. 그 방향은 총량 증가의 방식이어야 옳다. 일자리형 복 지, 불평등 해소 쪽으로 가야 희망이 보인다. 인간은 가난하면 불행을 느끼게 돼 있다. 부탄이 가난하지만 세계에서 행복지수가 제일 높다 고 인용하곤 하는데, 행복학의 최고 권위자 에드 디너는 "그것은 강사 들이 꾸며낸 거짓말"이라고 말한다. 그가 쓴 《모나리자 미소의 법칙》 에 그 사연이 잘 정리돼 있으니 한번 찾아보시라.

경제위기를 왜 예측하지 못하는가

인간은 예측을 좋아하고 점을 친다. 레이건의 회고록을 보면 자신이 선거에서 당선될지 떨어질지 궁금해 자주 점을 쳤다는 얘기가 나온다. 인간은 나약하고 그래서 점집은 흥성한다.

지난 금융위기에서 큰 타격을 입은 영국의 엘리자베스 여왕은 런던 경제학스쿨에 들러 "왜 아무도 위기를 예보하지 못했습니까?"라고 서운한 듯 물었다. 여기에 《시장의 진실》의 저자 존 케이가 답을 올렸다. "원래 경제 예측은 어렵답니다. 경제학이 할 수 있는 일은 과거의 경험을 현재적 전후 맥락에 끼워넣어 해석하는 정돕니다. 그런데 무슨 수로 그 많은 인간의 마음, 에이전트의 상호작용을 수학으로 풀어낸단 말입니까. 더욱이 인간은 진실보다는 자신이 듣고 싶은 말만 가려 듣는 치명적인 약점이 있습니다."

경제예측이 어려운 것은 선형함수 같은 수학에 답이 있지 않고 수천만 명, 수억 명 인간의 마음속에 답이 있기 때문이다. 개인이나 입자·원자의 행태까지 예측할 수는 없는 것과 같은 이치다. 경제시스템은 진화하고 수학화하기에 너무 어렵다.

인간은 끊임없이 예측을 묻지만 좀체 답을 원하는 것도 아니다. 당신이 우리의 아이디어에 도전해 봐달라고 부탁은 하지만 진정 그걸 원하지 않는다는 사실을 우리는 안다. "무슨 일이 일어나지?"란 물음 속엔 확인과 안심만이 들어있을 뿐 미래에의 통찰을 얻어내려는 것은 아니다.

천리안을 꿰뚫으려는 시장은 역사적으로 존재해왔으며 희망과 애매모호함을 바탕으로 한 메시지로 충족돼 왔다. 성공적인 제안자의 조건은 'TV에 출연해서 하는 제스처'이지 '예측성의 정확함'이 아니었다.

신경제 버블시기를 겪으면서 인간들은 자신이 옳았다는 말을 듣는 것을 정확한 예측을 했다는 말보다 듣기 좋아한다는 사실이 발견된다. 비즈니스 업계를 떠난 후 아카데미 세계로 들어가 고객들에게 아첨할 필요가 없어졌을 때야 비로소 "전통적인 지혜는 틀렸다"고 말할 수 있더라는 실증적인 고백도 있다. 금융인들은 거품이 터져서야 제대로 말할 자유를 가질 수 있었다. 사고가 나기 전 금융인간들은 정직하게 말하는 자유를 좋아하지 않는다.

버블이 터지기 전이든 터지고 난 다음이든 인간들은 엉터리였다는 말을 가장 무서워한다. 똑같은 인물이 정반대의 이야기를 떠드는 걸 우리는 증권이나 부동산 시장에서 흔히 목격한다. 거품이 터지고 나면 안면몰수하고 딴소리를 한다.

셰익스피어는 좋은 꾸며낸 이야기가 진실찾기보다 훨씬 호소력이 크다고 말했다. 미 정치학자 필립 테트록이 현자들의 예측을 수십 년간에 걸쳐 분석해봤다. 그랬더니 예측자가 유명할수록 예측은 더 많이 틀렸더라는 사실이 밝혀졌다.

비즈니스인, 정치인, 언론인은 명료성과 확실성을 좋아하지 복잡한 세계의 불확실성을 인정하는 것을 싫어한다. 어리석은 군주는 듣기 좋아하는 말을 나불거리는 자를 포상하는 자이고, 훌륭한 군주는 각고의 노력 끝에 얻을 수 있는 진리에 도달하는 방안을 제시하는 자에게 상을 내리는 자이다.

50년 이상 공직에 몸담았던 앨런 그린스펀은 일생의 경험상 6개월 이상 예측하는 것은 의미가 없더라고 한다. 이런 대목을 접하면 이제 한국도 대통령이나 경제장관들이 국내총생산(GDP) 성장률, 환율, 국제수지, 물가 등의 목표치를 자꾸 말하고 자꾸 틀리고 자꾸 고치는 헛된 일을 그만둘 때도 됐다. 괜히 신뢰감만 떨어뜨린다. 과거 5개년 개발계획이란 걸 발표했다가 폐지했듯 선진국들처럼 경제지표 예측과 발표는 연구소의 몫으로 남겨두는 게 좋겠다.

2009년 초 경제상황은 1929년 대공황에 곧잘 비유되곤 했다. '대공

황은 회복에 무려 25년이 걸렸는데 이번 침체는 얼마나 오래 걸릴까'
라는 의문이 많이 제기됐다. 지금에 와서 대공황 패인을 분석해보니
그 당시 3가지 정책을 잘못 쓴 것으로 확인되고 있다. 금본위제를 사
수하려 해 통화긴축을 고집한 것, 그로 인해 고금리를 유지할 수밖에
없었고, 실업을 타개하려고 어리석게도 홀리-스무트법을 제정하여
관세를 높여 보호무역으로 회귀한 것 등이다. 현대에는 지식이 발달
해 보호주의를 타파하고 앞의 두 가지 실수는 접어뒀으니 회복기간을
단축시킬 수 있었다.

  당시 모 그룹 회장은 보고서를 쓸 때 일절 '비상', '위기' 같은 용어를
사용치 말라고 했다는데, 일리가 있다. 모두가 비관적일 때 긍정적 사
고가 필요한 법이다. 나쁜 일이 일어나면 그 다음엔 좋은 일이 일어날
차례다. 생물학자 프랜시스 골턴은 탁월한 인물(제독, 소설가, 판사,
의사, 시인)의 자식들도 탁월한가를 조사해 보니 36%만이 탁월하고
손자대로 가면 9%로 뚝 떨어진다는 사실을 발견했다. 이른바 '평균으
로의 회귀' 이론이다. 아주 나쁜 해 다음에는 좀 더 나아질 수 있다는
신념으로 뛰는 게 중요하다.

투기의 정체 - 민스키 이론

하이먼 민스키(Hyman Minsky)의 불안정 금융이론.

그는(1996년 타계) 금융위기를 해석하는 데 신용 공급의 순환에 주목했다(킨들버거 MIT 교수 분석). 투자자들은 경기 확장 국면에는 미래를 낙관하고 투자에 대한 수익성 추정치를 상향 조정한다. 두뇌회전이 빠른 친구들은 은행에서 돈을 끌어대 주식·부동산 투자로 떼돈을 번다. 이 세상에서 "친구가 부자 되는 모습을 지켜보는 것만큼 사람들의 안락과 판단력에 혼란을 가져오는 것은 없다"는 속설이 위력을 발한다. 너도나도 돈을 끌어대 무리하게 투자(사실상 투기)한다. 가격 상승이 차입 금리를 갚고도 남는다는 단꿈(Euphoria)에 젖어서…. 한편 은행들은 "우리보다 마켓셰어를 더 늘린 다른 은행을 타도하라"며 투기꾼과 손바닥을 마주친다.

경기 확장이 이어지며 부동산·주식 상품가격은 빠르게 부풀면서 거품이 낀다. 그러던 어느 순간, 외부충격이 온다(대형 금융사고 발생,

경기둔화 발표, 혹은 원자재가 폭등 같은 뉴스). 이때부터 시계태엽은 반대방향으로 감기기 시작한다. 낙관론이 비관론으로 바뀌며 순식간에 돈+심리가 '사자'에서 '팔자' 쪽으로 기운다. 자산(부동산·주식) 가격에 낀 거품은 어린아이들이 가지고 노는 풍선처럼 바람이 빠진다.

투기형 구입자들은 이자비용 마련에 위협을 느끼고 은행은 빚을 못받을까 봐 독촉이 불같다. 추가 담보를 안 넣으면 자산을 차압해 사정없이 헐값에 경매에 부쳐 버린다. 졸지에 가격은 급전직하 추락한다. 돈을 마련하지 못해 "돈! 돈! 돈!" 외치며 뛰어다니지만 허사다. 길이 막힌 투기꾼은 건전한 자산마저 헐값에 생살이 뜯겨나가듯 팔고야 마는 순간에 처한다. 이 불운한 순간이 저 유명한 '민스키 모멘트(Minsky moment)'이다.

2008년 금융위기는 미국의 서브프라임이 충격의 방아쇠를 당겼다. 미국의 히스패닉·흑인 들은 내집 마련 소원이 너무 간절한 나머지 집값의 100~120%까지 빌려 집을 샀다. 3류, 4류 금융기관들이 이들에게 돈을 댔다. 채권은 변칙증서 형태로 발행돼 전 세계 금융기관에 폭탄이 박힌 채 획 뿌려졌다.

그러다 오르던 집값이 갑자기 떨어지고 차입자들이 돈 갚을 능력이 없다는 경보가 울렸다. 내 돈을 챙기고 빠져나가기 위해 출입구로 뛰기 시작했다. '붕괴→패닉'의 과정. 그 끝을 알 때까지 폭락세가 이어져 금융기관 손해액이 적게는 3,000억 달러, 골드만삭스는 1조 2,000

억 달러에 이를 것으로 추정했다.

메릴린치·씨티은행·베어스턴스 등 금융기관들이 민스키 모멘트에
폭격당한 주체들이다. 아예 시스템 붕괴를 염려한 FRB가 채택한 치
유책은 금리 인하와 구제금융을 퍼붓는 것. 이는 달러화 약세를 부채
질했다. "앗! 뜨거워"를 느낀 부동자금은 주식·부동산은 거들떠보지
도 않고 금·원유·곡물로 흘러가니 이번엔 원자재 파동과 가격 폭등세
로 불똥이 튀어 금융위기가 실물위기로 번져 나갔다.

원자재가 상승하면 바로 제품 값을 올릴 수 없어 기업실적은 악화
된다. 천천히 제품 가격, 생필품 가격, 공공 요금 인상 등이 뒤를 잇는
다. 그러면 기업들은 '임금동결'을 선언한다. 월급만 빼고 다 오르는
것이다. 가계는 수입이 줄어드는 셈이니 소비도 둔화된다. 금융위기
는 실물위기로 번지고 스태그플레이션이 오는 것이다.

글로벌 시대에 위기는 국경을 쉽게 통과하고 세계를 전염시킨다.
더욱이 GDP 규모가 중국의 4배, EU 25개국과 흡사한 세계 제1의 미
국 경제가 휘청거림에야…. 한국은 1997년 외환위기 때 민스키 모멘
트를 겪었다. 주가는 300선이 깨지고 환율이 1,970원까지 뛸 때, 나라
가 망한다는 소릴 들었던 그때였다. 그때 무슨 일이 일어났는지를 리
뷰해 보라.

재테크 누구 말을 듣고 하면 좋은가

가수 조영남 씨가 100억 원대를 호가하는 집에서 산다는 사실을 접하고 좀 놀란 적이 있다. 그의 집은 한강물의 정취가 대문짝 만한 거실 창으로 물씬 넘쳐흐르는 압구정동 고급빌라였다. 그 자리에서 몇 번 재건축하다 보니 평수도 넓어지고 그렇게 됐다는 것이다.

조영남 씨는 인터뷰에서 "아니, 내가 한국 연예인 중 최고로 좋은 집에서 산단 말이야? 와하하!" 하며 파안대소했다. 조 씨가 현재의 집을 갖게 된 사연을 들어보면 놀랍다. 전 세계를 돌아다니다 보니 강물을 굽어보는 집은 언젠간 그 값을 하더라는 하나의 법칙을 20여 년 전부터 깨달았다는 것이다. 그래서 첫 집을 장만할 때부터 한강 곁을 떠나지 않았다고 한다.

가수 방미 씨가 성공한 본보기로 소개됐고 송골매 멤버였던 구창모 씨는 카자흐스탄에서 사업을 벌여 대박을 터뜨렸다는 기사가 실린 적이 있다.

그렇다면 연예인들은 재테크에 일가견이 있다는 얘기란 말인가? 정답은 대중스타들은 재테크에 관한 한 엉터리라는 사실이다. 탤런트 안모 씨가 가슴 아픈 사연을 남긴 채 세상을 접었고 작년엔 야구선수 출신 이모 씨가 사업실패로 아주 망칙한 범죄를 저지른 후 생을 정리했다. 왜 연예인들은 자주 사업이나 재테크에 실패하며 허망한 종말을 고할까.

강남 지역 은행 점포에서 큰손들을 상대로 카운셀링을 하는 PB의 설명을 들으면 그 이유가 드러난다. 스포츠스타나 연예인은 같은 분야 외 사람들과 접촉이 제한적이다 보니 정보가 제한적이라고 한다. 또 공인이다 보니 등을 치려는 사기꾼에게 쉽게 노출되고 아파트 하나를 사더라도 깎지 못한다는 약점도 있다는 것이다.

필자는 이외에도 태생적인 혹은 환경적인 약점이 있다고 본다. 환경적으로 주변에 너무 화려한 삶이 많다. 쉽게 비교된다. 나도 어서 저 연예인처럼 되고 싶다는 조바심에 젖어들기 쉬울 것이다. 즉 '빨리 부자가 되고 싶다는 것', '화려함에의 열망' 이 두 가지 치명적인 바이러스는 불나방처럼 삶을 건 도박을 부추기는 법이다.

영국 프리미어리그의 박지성 선수와 미국 메이저리그에서 활동했던 박찬호 선수의 자산관리로 유명한 P씨(전 우리은행 PB팀장)는 유명 스타와 교수들의 공통점으로 '재테크 수익률이 낮은 점'을 지목했다.

교수들은 어떻기에? P씨에 따르면 교수들은 투자실무에는 엉터리지만 용어나 이론을 많이 알다 보니 PB들의 말을 잘 안 듣는다는 것. 정부의 어떤 정책이 주가와 어떻게 연결되는지, 부동산 규제 완화가 가격과 연결되는 경로를 알아내는 데 교수가 아줌마 투자자보다 우위에 서기 어렵다. 논리를 좋아하는 교수들이 앞뒤 관계를 연구하느라 꾸물거리는 사이 아줌마들은 벌써 상한가 몇 번 해먹고 튀었을 수도 있다. 행동력에서 게임이 안 되는 것이다.

PB들에게 더욱 강적(?)은 이론과 실무를 겸비한 변호사 직군인데 워낙 많은 정보를 갖고 있는 데다 사기사건 등을 다루다 보니 PB들의 설명을 믿으려 하지 않는다. 그러나 시장과 사건이 어디 같은가? 의사들 역시 PB들이 안타깝게 여기는 직업군이다. 의사들에게는 시간이 돈이라 직접 은행을 찾기보다는 병원으로 찾아오는 보험설계사들의 말만 믿고 분산투자보다는 보험에 주로 투자하고 있기 때문이다. 이공계 출신 엔지니어들은 PB들이 추천하기 어려울 정도로 재테크를 방치하는 성향이어서 안타깝다고 한다.

그럼 누가 투자의 우등생일까.

PB들이 접해본 경험으로 그룹 오너들은 시장의 큰 흐름에 관심을 갖고 있다. 자금이나 관리담당 CEO들은 재테크를 잘하는 편이라고 한다. 가장 뛰어난 투자가 클래스는 스스로 세세한 부분도 파악하는 개인사업자들이다. 이들은 타고난 사업 감각과 철저한 위험 및 수수료 관리 등으로 PB들을 능가하는 경우도 많다. 되레 PB들이 한 수 배워서 이들이 선택한 상품을 다른 고객들에게 추천하는 경우도 있다.

삼성그룹 CEO들은 깐깐하게 확인한 뒤 상품을 선택하는 반면 현대그룹 CEO들은 PB들의 추천에 맡기는 등 소속 그룹에 따라 재테크 스타일에도 차이가 나타나고 있다.

《런치타임 경제학》을 쓴 경제학자 스티븐 렌즈버그는 "돈을 벌 수 있는 방법은 딱 하나다. 정보를 다른 사람보다 빨리 알 수 있는 지식이나 네트워크 또는 직감"이라고 했다. 정보와 직감. 바로 그거다.

필자가 만나서 얘기해본 바로는 사업기회를 엿보기 위해 전 세계를 주유하는 중견사업가들이 최강이란 느낌이었다. 두바이, 카자흐스탄, 브라질, 아프리카 등을 뒤지고 어드벤처를 감행하는 현대판 탐험가들 말이다. 그들은 황금충이 날아가는 방향을 탐지해낸다. 네트워크를 쌓고 그들의 천일야화에 바짝 귀를 기울이시라!

2008년 투기의 모습 공부하기

　원래 돈이란 상품거래를 원활하게 하려고 개발한 것이다. 그래서 돈과 상품 및 용역의 크기는 1대1이면 좋은 것이다. 지구상에서 1980년대 초반까지는 그 비율이 1대1로 유지됐다. 그러던 것이 2003년쯤엔 돈이 상품보다 3.5배나 많아졌고 현재는 5배쯤 될 것이다. 여기에 변형 머니인 파생상품이 가세했다. 현재 파생상품 머니는 대략 500조 달러를 헤아리고 지구상 모든 GDP생산품 합계는 연간 50조 달러쯤 될 것이다. 미국 주도로 이끌어가는 월가는 그럴 듯한 이론으로 이를 포장했다.

　첫째, 탐욕은 좋은 것. 둘째, 시장은 언제나 옳은 것. 셋째, 정부규제(개입)는 나쁜 것.

　"욕심대로 뭘 하든 날 내버려 둬!" 바로 위세당당한 시카고 학파의 이론이다. 여기에 두 가지 더 추가한다. 세금은 작을 수록 좋다. 재산권은 절대적으로 보호하라. 이 5계명 신봉자들이 이번에 전 지구적인 사고를 쳤다.

이들이 유동성을 무기로 날뛰니 세계는 머니의 홍수에 치어 죽을 판이다. 넘쳐나는 유동성은 매스컴을 도배한 CMO, CLO, CDO, CDS, CMBS와 같은 괴상한 상품들을 만들어냈다. 또한 지구상의 물품들 즉 원유, 금속, 식량, 부동산 등의 값을 닥치는 대로 올렸다 폭락시켰다 하며 마음껏 힘을 휘둘렀다.

그러고는 자신을 낳아준 월가의 공룡 금융회사들을 마침내 삼키고 말았다. 2009년에 클라이맥스에 다다른 이 괴상한 역사는 앞으로 어떠한 소설책보다 많은 플롯과 영화 전집들을 쏟아낼 것이다.

따지고 보면 당시 3~5년간 재테크 시장은 참으로 따뜻했다. 누구에게나 친절하고 돈을 벌어주는 듯했다. 그리고 최대한 투자 판돈을 키우도록 방심시키고는 한입에 날름 집어삼켜버렸다. 참담하게 벼랑으로 밀어버렸다.

당시 그래프를 떠올려볼까. 먼저 주가(KOSPI)그래프. 5년 반 전인 2003년 3월 515가 바닥이고 거기서부터 줄곧 올라 2007년 10월 말 2064까지 곧추섰다. 무려 4배가 상승했으니 2007년 10월 말까지는 상승률 면에서 단연 1위였다. 부동산 시장은 어땠나? 강남 3구(강남·서초·송파) 아파트 평당 가격은 2001년 3월 1,000만 원을 뚫고 2003년 10월 2,000만 원을 돌파한 다음 2006년 말 피크를 칠 때 3,000만 원이 조금 안 된 2,964만 원. 5년 새 3배가 올랐다.

다음으로 한국인에겐 2007년 말 이후에 겨우 뇌리에 강하게 각인된 상품(원유, 금, 철강, 아연 등등) 가격. 짐 로저스가 상품에 투자하라고 얘기했던 바로 CRB로이터제프리스 원자재지수는 2006년 5월 270선에서 2008년 7월 11일 유가가 배럴당 147달러를 돌파한 그날 약 480선까지 치솟았다. 많이 올랐다. 애그플레이션이란 신조어가 탄생한 게 바로 2006년 중반 무렵이다.

이렇게 3~4개 그래프는 탑승자들을 까마득한 꼭대기로 올려놓은 다음 바로 45도 각도로 고꾸라뜨렸다. 매우 단기간에 어, 어, 할 틈도 없이….

투기판에서 불변의 진리는 단 하나의 모습일 뿐이라 생각한다. 초기엔 건전한 투자와 시장 활동, 중기에 호황 바람이 불면 투기적인 모습이 각종 너울을 쓰고 나타나고, 말기엔 과도한 차입으로 온통 카지노식 폰지들만 들끓는다는 사실(이것이 하이먼 민스키가 정의한 금융시장의 진면목)이다.

350년 전 네덜란드 튤립 투기, 250년 전 영국 남해회사 버블사건, 10여 년 전 닷컴 버블, 그리고 2008년 부동산 버블… 모두가 속내는 같다. 무대장치인 금융상품 종류만 교묘하게 다른 탈을 쓰고 범람했을 뿐. 속지 않으려면 시장에서 뭘 꿰뚫어봐야 할까.

1. 자산(주식 부동산 상품)이 제 가치(Real value)를 초과하고 있는가?

2. 초보자들이 얼마나 용감하게 뛰어들고 있나?

3. 모르는 시장엔 눈을 돌리지 마라.

4. 얄팍한 전문가는 믿지 말되, 슈퍼 전문가의 '광야의 외침'을 들어라.

이상 4가지 정도면 되지 않을까?

2008년 월가 부도의 방아쇠를 당긴 자는 메릴린치의 서브프라임 모기지 베테랑 랄프 치오피였다. 이 자가 위험을 몰랐을 리 없다. 그저 특별보너스 받는 데만 여념이 없었겠지. 탐욕이 부른 인재(人災)다. 월가가 다 한통속이었는지도 모르겠다. 자, 정말로 월가의 투기판을 앵글로색슨계나 유대계 자본이 몰랐을까. 월가의 눈물은 악어의 눈물은 아닐까. 아무튼 마켓에서 당하지 않으려면 얼음장처럼 냉정해지는 수밖에 없다.

주식의 PER이나 부동산의 PIR(집값의 소득배수) 같은 것. 가령 PER는 13쯤을 넘으면 곤란하고 PIR는 5배를 넘으면 안 산다는 철학을 갖고 버티면 되는 것이다. 러시아·브라질·베트남·중국으로 떼 지어 몰려갔는데, 우리는 국내 유수의 증권사 펀드매니저가 잘해 줄 것으로 믿었지만 그러지 못했다. 그들은 손해엔 냉혹하게 눈을 감아버린 채 당신의 손해난 계좌에서 잔혹하게 수수료를 뜯어간다.

집값결정의 3대 요소

인구가 약 1억 2,000만 명 정도인 일본 열도는 70년 후쯤인 2080년이면 5,000만 명 이하로 줄어들어 현재 남한 인구와 비슷하게 된다. 그로부터 또 100년이 지난 2180년이 되면 1,000만 명 미만으로 떨어져 서울보다 쪼그라든다. 시계 바퀴를 더욱 돌려 서기 2600년으로 가면 100만 명 이하가 되고, 2800년이 되면 0명이 된다고 한다(《인구가 세계를 바꾼다》, 니혼게이자이신문).

갈수록 사람의 씨가 마르면 누가 회사를 운영할까? 그 많은 빈집은 어떻게 될까? 누가 주식을 사줄 것이며, 당신을 장관직에서 떨어뜨린 투기용 농지는 누가 거들떠볼까?

상상력이 풍부한 인간은 이런 물음을 이미 주고받았다. 제러미 시겔은 《미래의 투자자》에서 주식, 부동산 가격의 장래를 점쳐봤다.

앨런 와이즈먼이란 환경론자는 《인간 없는 세상》이란 저술에서 지구상에서 인간이 자취를 감추고 10년 후면 목조주택이 붕괴하고 100

년이 지나면 코끼리는 20배로 늘어나 1,000만 마리를 돌파한다고 전망한다. 지구는 인류가 태어나기 이전 공룡이 판치던 쥐라기시대처럼 되는 것이다.

걱정도 팔자지 내년, 내후년 일도 모르면서 70년, 100년 후의 일은 왜 따져? 그렇게 되묻고 싶은가? 그럼, 스스로에게 물어보라. 70년이 그렇게 아득하게 먼 훗날인가. 인간이 70, 80년 후에 닥칠 일을 딱 그 날짜가 돼서야 대비하겠는가. 그래도 당신은 '생각하는 갈대'인데.

어쩌면 10년 후엔 서서히, 20년 후엔 본격적으로, 30년 후부턴 무섭게 대비하기 시작할 것이다. 당신이 서 있는 지반을 무너뜨리기 시작한 무서운 인구지도의 변화에…. 인구, 이제 증가는 없다. 역사상 처음으로 내리막이다. 불과 70년 사이에 반토막이라니.

시작의 종은 일본에서 먼저 울렸다. 한국도 2070년께면 인구가 3분의 1로 줄어들기 때문에 20~30년 사이에 뭔가 발생하게 될 것이다. 투자의 세계에도 엄청난 사태가 벌어질 것이다. 쓰촨성의 매그니튜드 8짜리 지진처럼 아주 센 놈이 올 수도 있다.

강남의 초고층 주상복합아파트는 더욱 비싸질까. 아니면 동남아시아·중앙아시아에서 몰려온 유색인종 혹은 동유럽계 색목인들의 집단 거주지로 전락할까. 미래에 자산가치를 지켜줄 주택은 과연 무엇일까. 《손에 잡히는 미래 Next Now》에 어느 정도 단서가 담겨 있다.

이 책을 쓴 메리언 샐즈먼은 미국, 영국에서 일어난 변화를 포착하여 다음과 같은 결론을 내리고 있다. 앞으로 집값을 결정할 3대 요소로 '비싸진 연료비', '직장과의 거리', '문화와 편의성'을 꼽는다. 천정부지로 유가가 뛰면서 냉난방비는 무시할 수 없는 요소가 됐다.

베이비 붐 세대가 낳은 자녀들(Echo boomer), X세대, Y세대를 합쳐 오늘날 16~43세 인구는 무엇보다 하루 24시간 중 7시간을 잘 수 있는 가치를 중시한다는 것이다. 이들은 교통혼잡과 긴 통근거리는 질색이고 그로 인해 신선한 공기와 뒷마당 따위는 중요하지 않다고 생각한다. 영국도 전원으로 간 40%는 되돌아오더란다. 이들은 애를 낳는 것도 부담스러워하고 따라서 지금까지 보물단지로 여겨왔던 학군조차 내팽개쳐버린다.

이런 요소들을 다 집어넣으면 답은 나와 있다. '도심(都心)'이라고. 영국의 맨체스터는 이미 그렇게 됐다. 오래된 공장지대와 사무실 지구들이 사람 사는 아파트로 변하는 것이다. 그곳에 사는 젊은이들의 3분의 2가 미혼이며 35세 이하다.

이런 흐름에 맞춰 건축업자와 개발업자들은 3~4개 침실이 있는 가족 단위의 집 말고도 독신가구 요건 충족에 힘을 쏟아야 한다. 미국과 영국에서 벌어지고 있는 현상이 지금 서울에도 상륙했다. 강북의 집값이 오르는 추세가 그것이다(2008년 기준).

아마도 강북도 강북 나름일 것이다. 무학대사가 한성을 도읍지로 할 때 금을 그은 경복궁 터를 중심으로 한 4대문 안이 주로 대상이 될성 싶다. '대형을 숭배하는 현상의 종말'도 임박했다고 본다. 꼬마차, 작은 집이 덩치 큰 것보다 비싸질지 모른다.

미국의 사라 수전카는 "건축자들은 집을 더 잘 설계하여 면적을 축소함으로써 절약된 비용을 에너지 효율이 뛰어나고 환경을 보호하는 고급 설비에 투자할 수 있다"고 말한다. 이런 집은 터무니없는 종합소득세를 물지 않아도 된다. 즉 차로 말하면 스포츠카 같은 소형으로 응축됐고 또 유목민처럼 이동마저 가능한 집이 아주 고급 주택이 되는 것이다.

독일의 마이크로 콤팩트 홈(Micro compact home)이나 로프트 큐브(Loft cube) 같은 초소형 거주 건축물은 대도시, 밀림 가릴 것 없이 거주가 가능한 이동캡슐 같은 집이다. 이제 주택은 또 다른 진화를 시작했다!

경제신문 읽어야 하는 이유

　　정몽준 의원이 자녀 2명의 첫 사회생활 경험으로 신문기자를 시켰다는 말을 들었을 때 이유가 퍽 궁금했다. 그의 아들과 딸은 조선일보와 동아일보 수습기자를 1년간씩 했다.

　　그의 자녀들은 일차적으로 현대중공업 경영후계자가 목표가 아닐까. 그런데 왜 하필이면 기자를? 우리는 정말로 뛰어난 경영의 구루(Guru) 피터 드러커가 기자 출신이라는 사실은 안다. 그렇게 해보려고? 궁금한 나머지 그 이유를 수소문하고 나서야 까닭을 알 수 있었다.

　　정 의원은 30대 초반부터 현대중공업 CEO를 한 경험이 있다. 사장도 코치를 받는다. 그는 당시 미국 박사 출신 혹은 언론인 출신을 멘토(Mentor)로 둔 적이 있었다고 한다. 장황한 설명보다는 단숨에 사태를 파악하길 원했던 그는 신문기자 출신과 더 호흡이 잘 맞았던 모양이다. "단번에 사태를 꿰뚫어 아주 알기 쉽게 요약해주는 신문기자의 능력은 놀랍다"고 주위에 말했다고 한다.

사실 기자는 책 한 권을 1시간 만에 읽고 원고지 10~20장을 메워야 할 때도 있다. 아주 빨리 간파하는 데는 냉전시대의 스파이처럼 날쌘 게 분명하다. 정 의원은 기자수업 중인 자녀가 때론 꼭두새벽에 별보고 나가고, 때론 밤 12시가 넘도록 '뻗치기'하는 걸 보고 아주 만족스러워 했다고 한다.

나는 편집국장 시절 독자들이 왜 〈매일경제신문〉을 읽는가에 늘 촉각을 곤두세웠다. 여러 이유가 있겠지만 재테크, 즉 돈벌이에 유용하기 때문이라는 응답에도 주목한다. 과연 〈매일경제신문〉을 읽으면 돈을 벌 수 있나?

나는 여기서 다시 한 번 존 나이스비트의 신세를 지려고 한다. 그는 "신문을 읽음으로써 정보에 통달하는 것은 중요하지만 그것을 받아들이는 방식이 더 중요하다. 선택적이고 검증된 과정 속에서 우리는 미래의 큰 그림을 만들어 주는 요소들을 찾을 수 있다"고 정리한 바 있다.

나는 하루치 신문을 읽고 부자가 될 방법은 거의 없다고 생각한다. 그렇지만 여러 날 여러 해를 읽음으로써 미래를 스케치해내는 능력은 각자의 노력에 달렸다.

특정 분야에 훈련된 재능을 가진 이는 사실 신문기사를 써낸 기자보다 훨씬 레고를 잘 짜 맞출 수 있다. 그것은 수수께끼를 맞히는 능력과도 같은 것이리라. P라는 필자의 선배 사례를 들어 설명하고자 한다. 삼성생명 출신인 P씨는 언젠가 이런 말을 내게 했다. "부동산 문제에 관한 한 우리 와이프보다 더 뛰어난 사람을 본 적이 없다"고. 그는 말했다. "TV 심야토론에 나와서 한밤 중에 열변을 토하는 사람, 여러 해 부동산 전문기자를 했다는 사람, 혹은 아파트를 지어 직접 파는 건설업자보다 우리 집사람의 부동산에 관한 안목이 더 탁월하다. 그런데 그렇게 된 비결이 신문이다. 부동산에 관한 모든 기사를 10년쯤 보더니 안목이 바둑으로 치면 10단은 되는 것 같더라."

실제로 P씨의 부인은 타워팰리스도 분양받았고, 10년 전쯤 용산에 단독주택을 구입하는 탁월한 안목을 과시했다. 그 단독주택은 시티파크 아파트 대형으로 둔갑해 수십억 원이 됐다. 강남에 오피스텔, 상가 등을 갖고 있어 한 달 월세만 2,000만 원이 넘는다는 노후대책에 입이 딱 벌어질 지경이었다.

이번엔 우화 하나를 소개하고자 한다.

외계인이 지구에 도착해 누가 세상의 주인공인지 알아보고 리포트를 제출하라는 미션을 받았다. 외계인이 가만히 보니 도시를 질주하는 주인공은 단연 바퀴 네 개 달린 물건(자동차)이었다. 이 자동차를 서빙하는 동물은 다리 두 개 달린 동물(인간)이었다. 인간은 아침이면 자동차를 씻어주고 옆구리로 음식을 부어 넣었다. 그러고는 자동차끼리 사교하기 좋은 넓은 공간(주차장)으로 모시고 가는 것이었다. 해가 저물자 다시 인간은 자동차를 모시고 집으로 돌아가 푹 쉬도록 모셨다.

외계인은 두말 할 것도 없이 지구의 주인공은 자동차라는 결론을 내렸다. 외계인은 지구라는 세상이 보낸 신호음을 이틀 만에 그렇게 읽은 것이다. 완전 엉터리로 말이다. 당신도 어떤 세계에 새로 들어가면 이런 바보짓을 하기 알맞다.

주식이나 부동산시장에서 파티는 끝났는데 잔뜩 빚을 얻어 투자했다면 당신은 차를 주인공으로 보는 외계인보다 더욱 멍청한 것이다. 이런 것은 교실에서 가르쳐주지 못한다. 경제신문을 읽으려면 어느 정도 기초지식이 필요한 게 사실이다. 그것은 문법이며 소통하는 어휘이다. 세상이 당신에게 전하려는 신호를 안테나로 받을 준비와 같은 것이다. 당신은 영화 〈콘택트(Contact)〉에 나오는 주인공 조디 포스터처럼 신호음을 읽을 준비를 해야 한다. 신문은 모든 것을 해결해주지는 못하지만 당신이 모르는 것을 상당히 해결해줄 수 있음이 분명하다.

또 한 가지. 최근 전 세계적으로 신문을 덜 읽는 풍토이고, 특히 학생들은 인터넷 들여다보고 게임하느라 정신이 없다. 그리하여 한때 미국서 단연 1위 부수를 자랑하던 〈USA투데이〉 같은 신문이 이제 문을 닫게 생겼다. 그러나 〈월스트리트저널〉, 영국의 〈이코노미스트〉와

〈파이낸셜타임스〉, 일본의 〈니케이〉, 그리고 한국의 〈매일경제신문〉은 종합지보다 훨씬 경쟁력을 지닌다. 여전히 독자들은 경제지에서 세상을 읽는 법을 배운다.

환율의 천둥소리

유가가 배럴당 120달러 이상 뜀박질하고 철강·구리 등 자원 값이 천정부지로 뛰면 자원을 많이 보유하고 있는 나라는 참 좋겠다는 생각이 든다. 사우디아라비아·호주·브라질·러시아·아르헨티나 같은 나라들. 땅덩어리가 덩칫값을 하는 시대다.

그런데 '네덜란드병(病)'이란 말을 혹 들어보았는가. 과거 네덜란드에서 천연가스가 대량으로 발견되고 이를 팔아 대박을 터뜨리자 네덜란드 화폐가치 또한 천정부지로 뛰어올라 결국 제조업 수출경쟁력이 땅바닥으로 떨어지는 대재앙이 발생했다는 데서 유래한다.

지구상에서 자원이 없는 일본·홍콩·한국 같은 나라는 번영하는 반면, 석유 매장량이 많은 중동의 걸프만 국가, 나이지리아 같은 나라는 번영하지 못하는 패러독스를 낳는다. 국민은 대개 빈둥빈둥 논다. 석유 때문에 결국 가난해지는 현상을 일컬어 '거친 각성' 혹은 '석유의 저주'라고도 부른다. 이는 이들 나라에만 해당되는 말이 아니다. 심지어 선진국이라는 영국도 1980년대 북해유전을 발견한 뒤 파운드화 급등으로 혼쭐이 난 적이 있다.

우리는 대개 환율을 인식하지 못하고 살지만 이렇게 무서운 게 환율이다. 그것은 멀리서 다가오는 천둥이며, 언젠가 눈앞에 벼락을 치는 존재다.

한국도 1997~1998년 국제통화기금(IMF) 치하에 들어간 당시, 2008년 세계금융위기 시 환율의 복수를 톡톡히 당한 적이 있다. 1996년 한때 달러당 760원대까지 떨어질 때 필자는 미국 연수 중이었는데 참 좋은 세월이었다. 한국 돈의 가치가 높으니 어깨가 으쓱해지고 돈 쓰는 재미가 쏠쏠했다. 자부심도 높았다. 결국 한 나라의 돈은 '경제의 실력'으로 국제사회에서 인정되는 것이니까. 그러던 것이 외환위기를 당하자 1998년 1,970원까지 치솟은 적이 있다. 2008년에도 또다시 1,500원에서 1원 모자란 수준까지 갔다.

한국의 돈 가치가 1997년 환란 때 거의 3분의 1로 추락했으니 외국인들의 돈 잔치에 몸을 내맡긴 격이었다. 우선 증시 문호부터 열어젖힌 그들은 주식을 헐값에 사들여 단박에 100조 원 이상을 벌었다. 빌딩도 외국인들은 거저 줍다시피 했다. 지금도 서울시청 옆 파이낸스 빌딩을 지나가면 기분이 나빠진다. 지금 수천억 원을 호가할 건물을 당시 980억 원이란 똥값에 약삭 빠른 싱가포르인들이 챙겼으니까. 그들이 마음먹고 강남 아파트를 싹쓸이했더라면 어쩔 뻔했는가. 모두가 환율이 부리는 마술이다.

그런데 환율, 즉 돈값은 그저 사기로 술수를 부리는 건 아니다. 경제체질이 허약해지면 엉터리 환율은 길게 못 버티고 '실질실효환율(EER)' 법칙에 따라 제값으로 돌아온다.

현재 세계 금융시장에선 '달러의 저주'가 진행되는 느낌이다. 달러는 전 세계 중심통화인 동시에 악의 축이라고 지칭하고 싶다. 그 원인은 바로 미국의 방대한 무역적자에 있다. GDP의 5~6% 규모, 연간 6,000억 달러 이상 적자를 내는 미국 경제는 외상경제다.《달러의 위기》를 쓴 리처드 덩컨이란 저술가는 미국의 수입이 세계시장의 엔진이기는 하지만 영원히 적자라 계속되지 못할 3가지 이유를 들었다.

1. 계속 빚을 져야 하는데 상환능력이 있는가.
2. 무역흑자국은 자산 버블을 일으켜 전 세계 은행위기를 초래한다.
3. 과잉투자와 초과설비를 야기하여 디플레이션 원인이 된다.

이해하기 어려운가? 좀 더 쉽게 설명하겠다. 미국은 매년 5,000억~6,000억 달러의 무역적자를 내는데, 이 돈은 중국·일본·한국 등 무역흑자국 수중으로 들어간다. 10년이면 5조 달러, 이 돈은 한국의 연간 GDP 5배를 넘는 규모다. 그런데 흑자국은 이 돈을 어찌할 줄 몰라 다시 미국 재무부 증권이나 주식, 기타 자산에 투자한다. 그러면 미국은 외상경제이면서도 부동산 거품을 만들고, 미국 금융기관들은 지구적으로 유망하다는 곳에 집중 투자한다.

결국 미국의 무역적자가 전 세계 통화를 찍는 공장이 되는 셈. 이 돈이 온 세계를 누비면서 잔치를 벌인다. 부동산, 곡물, 원유, 닥치는 대로 투기행각을 벌이며 값을 아찔하게 높인다. 거품은 거품을 부르고 더 이상 감당할 수 없으면 스스로 터진다. 그러면 금융기관이 망하고 어느 나라에선가 환율은 폭등(돈가치 폭락)하는 것이다. 환란 때 태국이나 한국처럼.

미국이라 해서 영원할 수는 없다. 몇 번씩이나 당한 중동 산유국들은 "달러는 휴지니 안 받겠다"고 손사래 친다. 유로화나 다른 통화를 달라고 한다. 중국도 이제 미국자산 투자에서 발을 빼기 시작했으며, 한국도 몰래 행동하기 시작했다. 돈이 들어가지 않는 나라는 결국 돈가치가 떨어진다. 유로화 대비 달러는 지난 수년 간 60%나 곤두박질 쳤다.

눈치 빠른 짐 로저스 같은 '꾼'이 "이제 미국은 끝났다"며 맨해튼 집을 팔고 싱가포르로 이사해 버렸다. 광야에서 외치는 이런 꾼들의 말에 귀를 기울여라. 환율의 천둥소리를 그는 미리 들었던 것이다.

표면적으로는 서브프라임 문제지만, 이제 1971년 8월 닉슨에 의해 취해진 금태환 정지 이래 30년 만에 세계 금융시장 질서는 근본적인 변화 초입단계로 들어선 것 같다. 평소 대수롭지 않게 여긴 환율의 휘

파람 소리에 가끔씩 귀를 기울여라. 1997년 외환위기에 망한 대우 관계자들이 "삼성은 영리하게 환(換)헤지를 잘해 버티고 우리는 미련하게 일만 하다 망했다"는 한탄이 아직도 귀에 쟁쟁하다.

켈리 투자의 공식

워런 버핏은 돈의 생리에 관한 한 지구상에서 1인자로 소문나 있다. 그는 투자원칙 2개 조항을 공개한 적이 있다.

제1조, 원금을 잃지 말라. 제2조, 제1조를 잊어버리지 말라.

1956년 벨(Bell)연구소의 켈리는 부(富)의 공식을 만들어 본 사람이다. 구리선을 통해 전달될 수 있는 이상적인 정보량을 얻는 확률을 구하는 샤농의 모델을 응용해 '2p-1=x'라는 공식을 도출했다. 성공확률에 2를 곱하고 여기서 1을 빼면 베팅할 확률의 퍼센티지가 나온다. 예컨대 도박에서 이길 확률이 55%라면 여기서 최대 이익을 거둘 확률은 '2×0.55-1=0.1', 즉 10%뿐이며 이는 판돈을 10%만 걸라는 말이다. 같은 공식을 활용해 투자해서 돈을 벌 확률이 70%라는 판단이 서면 '2×0.7-1=0.4', 즉 가진 돈 중 40%만 베팅하라는 것이다.

확률이 50대50이면 베팅률은 제로다. 반반인 게임엔 한 푼도 걸지 말라는 얘기다. 여러분은 어떻게 하고 있는가. 긴가민가 하는데 불쑥 손부터 나가는 것 아닌가?

앨런 그린스펀은 2008년을 앞두고 의미심장한 말을 했다. 현재 상황이 1987년, 1998년과 비슷하다는 것이다. 다시 말해 도취감에 취할 때가 아니라 두려움을 가지라는 경고다. 돌이켜 보면 1987년엔 3저 호황 끝물에 날벼락 치듯 주가가 폭락했고 1998년엔 롱텀캐피털(LTCM) 파산으로 증시가 무너져 내린 때다.

금융황제의 말을 새겨들어라. 그는 "인간이란 존재는 거품에 효과적으로 대응할 길을 알 수 없다"란 말도 곁들였다. 80 인생살이에서 깨달은 진리를 그렇게 표현한 것이다. 탐욕에 물든 인간은 결국 비이성적 과잉행위를 했고, 그것이 가격을 과도하게 올렸으며 마침내 거품이 터지면 고통을 당하는 '투기의 역사'는 영원히 반복된다는 한탄이었다.

그러나 제 아무리 그린스펀이라도 보통 인간들은 그의 말을 외면할 이유를 충분히 갖고 있다. 그는 벤처거품이 잉태될 무렵인 1997년께부터 비이성적 과열이라는 경고 메시지를 보냈다. 그러나 그의 경고가 나오고 나서도 주식값은 무려 4년 가까이 올랐으며 그 폭도 무척 컸다. 그린스펀 말만 믿었던 사람은 기회를 놓쳤다.

비이성적 과열로 들떠 있을 때 '태양광 주가가 너무 오른다', '부동산시장에서 용산지역 아파트가 너무 뜨겁다' 해도 사람들은 귀머거리인 체 행동한다. 그러나 잊지 말라. 오버된 가격은 반드시 내려간다. 타이밍 문제일 뿐이다. 상투와 바닥은 귀신도 모른다.

일찍이 고층빌딩이 높이 경쟁을 벌이고 그림 값이 천정부지로 뛰면 상투 징후란 말들이 있다. 전 세계 상황을 파악할 때 나무보다 숲을 먼저 보라. 큰 그림을 살피란 말이다. 켈리의 투자공식과 버핏의 경고를 조합해 보라. 당신이 취할 투자공식은 무엇인가? 해답은 스스로 구할 수 있으리라.

앙드레 코스톨라니 말대로 가격을 올리는 원초적인 힘은 돈+심리다. 돈은 아프리카 차드호수처럼 말라비틀어져간다. 심리는 불안하다. 폴슨 미국 재무장관은 2008년 초 상황이 1997년 아시아 외환위기 때보다 상황이 더 나쁘며 가까운 시일 안에 좋아지지 않을 거라고 전망했다.

당시 뻔질나게 들어오던 외신기사 제목 몇 개를 소개해 본다.

'미국 투기등급기업 돈줄 말라 부도 급증(무디스)', '미국 주택경기 하락 영국에 전염될 듯(로버트 실러 예일대 교수)', '미국 주택경기 부진 하락세 내년까지 이어질 것(뉴욕타임스)' 등이다. 좋은 소식은 눈 씻고 찾아봐도 없다. 오로지 다음 주 미국이 금리를 얼마나 내릴까, 과연 내릴 것인가에 목을 빼고 쳐다보는 형국이다.

화수분처럼 쏟아지던 펀드자금 홍수도 이젠 가는 오줌발처럼 약해지면 시장이 지쳤다는 뜻이다. 이럴 때는 '쉬는 것도 투자'란 격언을 떠올려야 한다. 부동산과 주식시장에서 흔해 빠졌던 대박의 꿈은 아련하기만 하다. 켈리의 공식을 잘못 셈하면 버핏이 말하는 투자 원칙 1·2조를 위반할 확률은 분명 높아졌다. 토머스 후크가 《물가의 역사》란 책에서 절대로 빠져선 안 되는 함정에 대해 설교한 다음 내용을 음미해 보라!

"…적은 돈만 투자해 큰 이익 얻기를 꿈꾸는 대박의 기대감은 저항할 수 없는 유혹이다. 도박으로 이끌리는 인간 본성은 끊임없이 대중으로 하여금 행동하도록 부추긴다. 무지몽매한 개인은 물론 왕자, 귀족, 정치인, 법률가, 물리학자, 성직자, 철학자, 시인 등 지위고하와 남녀를 불문하고 근거 없는 대박의 기회에 재산을 투자한다…."

금은 좋은 투자수단인가

금 투자도 이제 하나의 기술이 됐다. 당신이 성공적인 재테크를 하려면 금값이 움직이는 원리를 공부해두는 게 여러모로 유리할 것이다. 금이 어떤 가격의 궤적으로 움직여왔는지, 또 금의 대체투자수단은 무엇인지 공부하려면 제임스 터크가 쓴 《달러를 버려라》를 한번 읽어 보는 게 좋을 것이다.

오랜 세월동안 금은 개인투자와 상관이 없었다. 가격 움직임의 진폭도 크지 않았다 . 그런데 달라졌다. 금값의 움직임은 공포지수와 상관이 있다. 금융시장에 공포가 높아지면 금값은 안전투자자산으로 크게 선호된다.

그런데 2000년대 이후 지구상에서 흔해진 게 두 가지 있다. 잦은 금융위기와 온난화로 홍수·눈사태 같은 엄청난 기후변화가 닥친다는 점이다. 그래서 금값 움직임도 과거보다 요동치는 경우가 많다. 그 움직이는 원리를 파악한다면 당신은 기회를 잡게 되는 것이다.

금값의 단위는 온스(약 31.1g=8.3돈) 당 달러로 표시한다. 역사상 금값의 동향을 보면 닉슨이 1971년 금태환정지를 단행했을 당시 1온스=35달러로 고정돼 있었다. 그것이 현재는 약 1,600달러이니까 40년간 45배가 오른 셈이다. 이렇게 긴 세월을 평균으로 봐선 재미가 없다. 가격이란 뭐든 단시일 내에 우르르 올랐다가 2~3년 동안 꼼짝 않는 게 보통이니까.

가령 1975년 닉슨이 사임할 당시 162달러였으니 1971년에 사뒀던 사람은 4년 만에 450%가 오른 기쁨을 누렸을 것이다. 1980년 2차 오일쇼크로 전 세계가 인플레 때문에 몸살을 앓고 공포지수가 높았을 때 금 가격은 온스당 850달러였다. 이것이 2001년 255달러로 폭락해 있었으니 1980년도에 상투를 잡은 사람은 20년이란 긴 시간 동안 4분의 1토막이 난 셈이다. 망해도 그렇게 망할 수가 없다.

잠깐 1990년대 중반 시세를 들여다보면 1997년, 그러니까 한국 등 아시아가 외환위기에 휩싸이기 직전에 기술주, 부동산버블로 세상 겁날 게 없을 당시 금 가격은 온스당 252달러에 불과했다.

재차 강조하거니와 금값은 공포지수, 즉 달러 가치와 미국 금융 및 은행제도에 대한 불신감이 최고조에 달할 때 뛰어오르기 시작한다. 2000년대 이후 금값의 흐름은 투자자의 편이었다. 2001년 255달러에서 2005년 12월 500달러를 다시 돌파하고 2008년 3월 세계금융위기가 닥칠 때 1,032달러를 뚫었다. 2006~2007년에 사둔 투자자는 횡재했다.

그러던 것이 2011년 9월, 금융위기 이후 유로존(Eurozone)을 위시하여 2차 위기 공포가 퍼질 때 1,932달러로 천정을 때렸다. 너무 올라가면 고소공포증이 드는 법, 2013년 초 현재는 1,600달러 언저리에서 맴돌고 있다.

2년 전 상투를 잡은 사람은 언제 본전이 될지 알 수 없다. 이상에서 보듯 금은 공포지수와 같은 경제적 요인도 있지만 '시간의 상품'임을 알 수 있다. 알맞은 시간을 읽고 사두면 큰돈이 되지만 잘못짚으면 20년이 지나도록, 당신의 인생 황금기가 다 가도록 금이 똥값이 돼 있을 수도 있다는 말씀이다.

금은 지구상에 그렇게 많이 있는 것이 아니다. 기록을 보면 인류가 4,000년 동안 캔 금은 15만 톤 밖에 안 된다. 이는 가로 세로 높이 18.6미터짜리 정육면체밖에 안 된다. 콜롬버스가 아메리카 대륙을 발견한 1492년 이후 한 해 5% 이상 생산량 증가를 보인 적도 없다.

금에 대해 또 하나 명심할 점은 한번 생산하면 소모되지 않고 어딘가에 있다는 사실이다. 죽은 사람 입에서 금 이빨은 반드시 빼내 재사용하고 핸드폰에 들어간 금도 다시 '도시광산'에서 캐낸다. 중앙은행·IMF 등이 보유한 금은 어느 순간 대여료를 받고 빌려줘 갑자기 물량이 늘어나버릴 수가 있다.

실제로 금을 쓰는 용도는 귀금속, 반지, 세공 등으로 매년 4,000톤밖에 안된다고 한다. 요새는 핸드폰 같은 전자제품에 들어가지만 폐품에서 또 회수된다.

그보다는 21세기 들어 골드뱅크, 파생상품의 매입, 달러 대신 안전자산으로 중국·한국 등 중앙은행 매입 증가 등 색다른 투자처가 값을 결정하는 추세다. 각국이 가진 소버린 펀드 또한 엄청난 큰손으로 대두돼 금값을 움직인다. 이들 거대한 손들은 꼭 금이 아니라도 석유 은 특수금속을 금과 같은 묶음으로 본다. 통화에 대한 대체 실물투자수단으로 보는 것이다.

금은 이자가 붙지 않는다. 침묵의 상품, 어둠의 상품이란 별명도 있다. 은행에서 골드뱅크란 상품으로 파는데 당신은 한국 돈 표시로 살수도 있고 달러로도 살 수 있다. 환율변동도 상대적으로 복잡하다.

분명히 알아둘 점은 금은 잘 짚으면 좋은 재테크 수단이며 21세기들어 움직임이 과거보다 민첩해졌다는 사실이다. '시간의 상품'이란 점도 명심해야 한다. 때를 잘못 짚으면 크게 낭패다. 주식·부동산이 다 그렇듯이 가격은 신의 영역이다. 그러나 당신도 열심히 연구하면 그 내밀한 움직임의 궤적을 미리 꿰뚫어볼 수 있다.

주식투자를 시작하려는 직장인

　원래 고수 반열에 오르면 멘털리티(Mentality)가 승부의 중요한 요인이 된다. LPGA시합에서 선수가 1미터도 안 되는 거리를 놓치고 주저앉아 흐느끼는 모습을 본 적이 있을 것이다. 인생 승부의 정점에선 누구나 초긴장하게 되고 그걸 극복하는 사람에게 운명의 여신은 미소를 보낸다.

　투자 세계도 마찬가지다. 쉽게 돈이 벌리는 것 같은 상승장에서는 누구나 우쭐한다. 사람의 진면목은 폭락장에서야 알 수 있다. 마치 지구가 무너진 것처럼 혼비백산해 던지기 바쁘다면 승리할 준비가 안 된 사람이다. 바닷물이 만조일 때 수영하면 머리만 보여 누가 누구인지 정체를 알 수 없다. 그러나 썰물이 되면 누가 벌거벗고 수영을 했는지, 누구 몸매가 기막힌 S라인인지 금방 안다. 마찬가지다. 폭락이 오면 당신 밑천은 드러난다.

부평초 같이 흔들리는 사람은 시장에서 보따리를 싸는 게 맞다. 작게 먹고 크게 손해를 봐 가산을 거덜 내기 십상이기 때문이다.

부동산이나 주식을 통한 투자의 세계에서도 멘탈(Mental)은 가장 중요한 요소로 친다. 보통 한 게임에서 4일 동안 220~230타를 치게 되는 프로골프(PGA)도 승부의 호흡은 어느 순간의 한 타가 좌우한다. 중국《초한지(楚漢誌)》를 읽어보면 항우는 유방과 70번을 싸워 69번을 이기지만 단 1패가 모든 운명을 결정지었다.

한때 증시를 풍미했던 자산운용사 사장에게 "개인투자가는 왜 실패합니까"라고 물어보았다. 그의 답변은 이랬다. "대세 상승기 초반에 2,000만 원쯤 가지고 출발하는 사람은 1억 원쯤 까지는 잘 갑니다. 그다음이 문제지요. 몇 번을 성공한 이 사람은 좀 우쭐해집니다. 자기 실력이 대단하다고 자기최면에 빠져요. 이익을 낸 금액을 좀 덜어내고 조심스레 투자해야 할 때에 오히려 주변 친인척이나 친구 돈까지 끌어모읍니다. 최대한 투자자금을 늘린 후 단 한 번 실패하면 그것으로 끝이지요."

코스톨라니의 달걀에 비유하면 이 사람이 투자를 늘린 시기는 이미 호황의 끝물쯤으로 타이밍이 진행됐다고 볼 수 있다. 초한지를 보면 항우는 유방과의 싸움에서 70번을 싸워 딱 한 번 진 것으로 운명을 다했다. 항우는 죽었다. 투자의 세계도 이와 마찬가지다. 떠나야 할 때 '항우의 1패'를 당하면 못 일어 난다.

제러미 시겔 와튼스쿨 교수 분석에 의하면 1885년 이후 하루 만에 5% 이상 폭락이나 폭등한 날이 무려 123회에 달했다. 그런데 꼭 상승(59회)보다 하락(64회)이 더 많은 게 시장이 인간을 시험하는 변덕이다.

시장이 크게 움직일 때 당신은 직접 주식매매를 해도 좋은지 아니면 간접투자(펀드) 정도로 만족해야 하는지 DNA를 스스로 점검해 보라.

프로이센의 폰 몰트케 원수는 돈, 생각, 인내, 행운 등 네 가지 요소를 전쟁에서 승리할 수 있는 요인으로 꼽았다. 물리력으로 싸우는 전쟁이나 돈으로 싸우는 주식투자 전쟁이나 비슷하다고 앙드레 코스톨라니는 말했다. 그는 네 가지 외에 신념이란 요소를 하나 더 보태 다섯 가지를 열거했다.

첫째, 돈의 성격이다. 1억 원을 갖고 2억 5,000만 원어치 신용을 걸었다면 당신은 돈이 없는 사람이다. 그 결과는 항상 나쁘더라는 게 코스톨라니 일생의 결산이었다. 1950년대, 아이젠하워가 심장병에 걸렸다는 소식에 시장은 며칠 새 25%나 폭락하고 말았다. 증거금을 채우지 못해 깡통 계좌가 됐는데 며칠 후 대통령 심장병이 치유됐다는 소식에 10배나 폭등했다. 그러나 이미 깡통이 된 신세에 한탄한들 아무 소용이 없었다.

둘째, 생각. 투자를 하나의 사업으로 받아들일 준비가 안 돼 있는 사람은 절대로 주식시장을 찾지 말라. 사업이 탄탄한 걸 알면 하루 이틀 폭락한다 해서 흔들리겠는가. 혼자 힘으로 생각하는 능력을 가져야 한다. 회계 기초를 아는 것은 자기방어의 한 형태다.

셋째, 돈은 머리로 버는 게 아니라 엉덩이로 버는 것이다. 이는 프랑크푸르트 거래소 명언이다. 이 사업이 된다는 소신이 있으면 약한 쇼크에는 들썩거리지 말고 바윗돌처럼 굳건히 기다려라. 그 대신 안 된다는 판단이 서면 달리는 고속철도에서라도 뛰어내려라.

넷째, 행운도 성공의 엄연한 요소다.

이 네 가지 중 하나만 빠져도 당신은 '소신파'가 아닌 '부화뇌동파'다. 성공하기 무척 어려울 것이다.

코스피지수가 40% 가까이 오른 해에도 개미들은 직접 투자했다가 대부분 손해를 보았다는 보도가 늘상 나간다. 사기꾼들이 투자클럽을 결성해 좋은 종목을 찍어준다고 속여 회원들에게 돈을 받은 다음 100여 개 종목을 추천해 그 중 오른 종목 3~4개만 놓고 기막히게 맞혔다고 선전하는 TV방송에 매달리면 당신은 재산을 털어먹을 것이다.

세상에 상승할 종목을 알면 제 스스로 하면 되는 것이지 동네방네 떠들고 다닐 바보가 누가 있겠는가. 이런 바보들한테 속다니 정말이지 준비상태가 빵점이다. 도대체 이런 사기꾼들은 언제까지 설칠 것이며 경찰은 뭘 하고 있기에 일망타진하지 못한단 말인가.

투자의 세계에 지름길은 없는 법. 또한 붐(Boom)과 폭락은 분리할 수 없는 샴쌍둥이 같은 것이다. 당신은 투자에 맞는 성격인가? 귀가

얇아서 누군가의 말 한마디에 솔깃해 하지 않는가. 중개인에게 물어보는 것은 이발사에게 이발할 때가 됐느냐고 물어보는 것과 같다. "너만 알고 있으라"는 종목에 몰빵을 지르는 성격은 아닌가. 이런 사람은 서둘러 떠나라. "아는 것에만 투자하라" 혹은 "모든 사람이 잃고 있을 때 침착하라"는 말의 참뜻을 새겨보기 바란다. 이것이 바로 성공의 조건이다.

투자의 시간은 누구편인가

위대한 수학자 칼 F 가우스는 초등학교 시절 1부터 100까지 숫자를 더하라는 과제를 받고는 불과 몇 초 만에 답을 제출해 모두를 기절초 풍케 했다. 그는 0+100=100, 99+1=100··· 이런 식으로 49+51까지 50 쌍의 100과 오로지 한가운데 50만이 짝이 없음을 즉각 간파했다. 답 은 100×50+50=5,050이라고 순식간에 알아맞힌다. 가우스는 '패턴 의 힘'을 발견한 것이다. 패턴은 사물이나 행태의 반복이다.

1987년 10월 19일 하루 만에 다우지수는 22.6%나 폭락했다. 시가 로 무려 2조 달러가 증발했는데 당시 미국 국내총생산(GDP)은 6조 4,750억 달러였으니까 30%가 달아난 셈이다(당시 한국 GDP는 1,420 억 달러).

나중에 미국 금융당국이 폭락 원인 조사에 나섰는데 아무리 찾아봐 도 원인을 모르는 것으로 종결했다. 다만 그런 엄청난 사건이 일어날 확률만 계산해냈다. 하루 만에 20% 이상 폭락할 확률은 우주 나이에

다 10억 배를 곱한 숫자 분의 1로 나왔다. 빅뱅이 일어난 지 130억년이 됐으니까 130억년에다 10억을 또 곱한 숫자를 어떻게 표기하는지 나는 모르겠다. 그냥 확률 0인 사건이 벌어진 것으로 치면 된다.

절대로 그런 폭락이 오지 않는다 해도 인간심리를 괴롭히는 게 두 가지 있다. 하나는 기업 수명이 점점 짧아져 하필 내가 사놓은 종목이 망가질지 모른다는 두려움이다. 1896년 찰스 다우가 다우지수를 만들 당시 선정한 30종목 가운데 지금 남아 있는 종목은 딱 하나, GE(제너럴 일렉트릭)뿐이다. 기업 수명 사이클은 얼마 전까지만 해도 30년이었는데 지금은 15년으로 반감했다. 1980년부터 2004년 사이 2,000개가 미국 주식시장에 상장됐지만 단지 5%만이 2조 달러의 대박을 내줬을 뿐 나머지는 망했거나 게걸음에 그쳤다.

인간을 괴롭히는 또 하나의 감정은 손해를 못 견디는 심리상태다. 경제학자 폴 새뮤얼슨의 연구에 따르면 인간은 손해를 볼 때 느끼는 고통이 같은 크기의 이익이 주는 기쁨에 비해 2~2.5배에 달한다.

그러니까 이익을 조금 봤으면 우선 먹튀하는 게 낫지 않겠느냐 말은 정말이지 솔깃하다. 돈이 급히 쓸 데가 있는 사람에겐 그 말이 맞을지 모르겠다. 그렇지만 특별히 용처가 없는 사람은 역사상 시간이 누구 편이었는지 이참에 셈해 볼 의향은 없는지?

월가 최고 애널리스트로 불리는 마이클 모바신이란 전략가가 계산한 바로는 1900~2005년 사이 미국 주식은 채권(국채)에 비해 5.8%포인트 높은 수익률을 냈다. 105년간 복리로 6%쯤이면 그 차이가 얼마나 큰지 상상이나 하겠는가.

버내치와 탈러가 미국 증시의 투자성과를 해부한 결과 1시간 만에 사고팔았을 때 이익을 볼 가능성은 50.4%(손해 볼 가능성은 49.6%)였다. 1일 51.2%, 1주일 53.2%, 1개월 56.3%, 1년 72.6%, 10년 99.9% 100년 100%다.

10년만 장기투자하면 무조건 성공이고 1년 단위로만 해도 성공 확률이 약 73%, 손해 볼 확률은 27%로 떨어진 것이다. 무려 200년을 시계열로 했으니 절대 진리에 가깝다. 대략 1년 이상 장기투자를 해야 이득을 본다는 계산을 얻는다.

이 연구를 더 살펴보면 회전율이 낮은, 즉 보유기간이 2년 이상인 펀드 실적이 가장 좋았다. 바이 앤드 홀드(Buy & Hold) 전략이 우수하다고 그렇게 말해도 펀드들의 연간 회전율은 100%가 넘는다. 직장 상사들이 펀드매니저 실적이 나쁘면 쫓아내겠다고 협박하고 변덕쟁이 가입자들이 걸핏하면 환매를 해버리기 때문이다.

코스피는 2000을 전후해 몹시 불안정한 대기를 만난 것처럼 요동친다. 어떻게 할 것인가? 1929년 대공황 폭락장세가 회복된 것은 1940년대 중반이었고 일본은 1980년대 후반 3만 8000까지 올랐다가 지금은 1만 7000 근처를 헤매고 있다. 이런 예외는 더욱 위협적이다. 나는 과거보다 현재의 시장기제가 훨씬 정밀하다는 점, 그리고 투자의 지평은 울타리쳐진 국내뿐 아니라 전 세계로 넓어지고 있다는 점에 점수를 주고 싶다.

모바신 말마따나 투자하는 시간이 길수록 당신은 유리해진다. 즉 투자 세계에서 시간은 결국 기다린 자의 편이란 사실을 기억하라.

대한민국 1%의 투자습관

〈매일경제신문〉이 대한민국 1% 부자들의 투자습관을 조사해 본 적이 있다. 은행 PB들의 도움을 얻어 대략 재산규모 50억 원 이상 113명을 대상으로 부유층들의 투자패턴과 행태를 분석해본 것이다. 이런 조사를 시행한 까닭은 요즘 돈을 어디에 넣고 있는지, 그리고 그들의 투자방식에서 힌트를 얻으라는 취지였다.

첫 번째 팁(Tip)은 수익률 목표에 관한 것이다.

중소기업 소유주인 A씨의 사례를 보자. 그는 50억 원쯤을 시장에서 굴린다. 그가 설정한 목표수익률은 15~20%. 너무 소박한 목표가 아니냐고 물으면 "천만의 말씀"이라고 말한다. "10%만 남겨도 5억 원인데 무슨 욕심이 더 필요하겠느냐"는 것이다. 이 점이 포인트다.

시장이 만들어지기 전 성서에는 1할의 이득을 남기는 게 사업의 철칙으로 돼 있었다. 세금도 이익금의 1할이다. 그 이후 '텐(10)-텐(10)'

은 만고의 법칙으로 통했다. 불세출의 투자귀재인 워런 버핏이나 피터 린치가 제시한 적정투자수익률은 연간 15% 정도였다. 원래는 10%가 옳으나 증권투자에는 리스크가 따르는 만큼 조금 더 목표를 올려 잡은 것이다. 어떤 해에는 마이너스가 나기 때문에 평균적으로는 10%를 겨냥하고 있다고 보면 옳을 듯하다.

사람들은 역사적으로 가장 어리석은 교환으로 미국 맨해튼을 단돈 24달러에 팔아먹은 아메리칸 인디언을 지적한다. 인디언 조상이 연율 10%보다 낮은 8%로 250년간 굴렸다면 원금은 3조 5,000억 달러로 불어나 오늘날 맨해튼을 3번 사고 자투리 돈으로 LA를 살 수 있다고 한다. 꾸준한 복리의 무서운 힘이다.

더욱 기가 막힌 셈법도 있다. 예수 탄생 이후 인류가 연간 1%씩만 경제성장을 해왔다면 오늘날 1인당 소득은 얼마쯤 될까? 놀라지 마시라! 무려 1경 하고도 몇천만 달러란다(《부의 탄생》, 번스타인).

경제협력개발기구(OECD) 보고서 2001년판에 앵거스 매디슨은 좀 더 가설적인 분석자료를 제시한 바 있다. 예수가 탄생한 해 세계 1인당 총생산은 444달러였다고 한다. 이것이 1000년까지 단 한 푼도 안 불어나고 그대로 1,000년간 0% 성장에 그쳤다. 그리고 1000~1820년(산업혁명 직전)까지 세계 연평균 성장률은 고작 0.05%, 그리고 1820~2000년까지 1.21%에 그쳤다. 그 결과가 오늘날 세계경제 모습이다.

어떤가? 10%는 지난 2000년간 인류 발전 역사에 비하면 머리가 빙

빙 돌 정도의 광속이 아니냔 말씀이다. 그럼에도 불구하고….

2000년대 중반 어떤 버블세븐 아파트는 2배 이상 오르고 김종학·김형근 화백의 그림은 한 해 동안 16~19배나 뛰고 주식형펀드는 연초 가입했어도 40% 이상 뛰었는데 왜 10%에 만족해야 하지? 인간의 심리는 그렇다. 존 메이너드 케인스의 말마따나 인생은 짧고 부자가 되는 길은 멀지 않은가. 그렇지만 빨리 가는 부의 열차를 잡으려고 하면 할수록 1% 부자의 습관과 당신은 정반대로 하고 있음을 명심할 것! 부자 1%의 투자철학은 '대박은 없다'였다. 천천히 10마일로 가려다 보면 30, 40마일의 순풍을 만나는 것이다. 준비를 한 자에게 기회가 온다는 법칙과 같은 맥락이다.

두 번째 팁(tip)은 1%부자의 포트폴리오를 엿보라는 것이다. 이들은 부동산 57%, 주식 27%, 예금 16%로 돼 있었다(2008년이 조사시점이니 지금은 바뀌었을 것이다). 이게 꼭 최적의 해답은 아닐지 모른다. 그러나 최소한 어느 한 군데에 80~90%의 몰빵은 없다는 사실을 자세히 살피란 얘기다. 기회가 있으면 인구변화의 중요성에 대해 다시 분석해 보겠지만 직접적인 연관이 있다. 또한 이들은 최소한 보통 사람들보다 몇 발짝 빨리 움직인다는 점에 착안하라.

우리나라 일반가계의 평균으로 놓고 보면 부동산이 무려 83%나 된다는 통계도 있다. 은행에서 돈을 빌려 달랑 집 한 채 갖고 있는 경우가 너무나 많은데 이는 인구구조 변화를 감안하면 위험한 쏠림이다.

세 번째 팁(tip)은 눈을 해외로 돌릴 것이란 점이다. 필자 주변에도 싱가포르나 말레이시아 혹은 상하이에 부동산 투자를 하는 경우가 흔하다. 바야흐로 무대는 세계다. 굳이 규제가 많은 한국에서 승부 보겠다는 전략을 구사하지 않는다는 점이다.

1% 부자들은 여유가 있어서도 그렇겠지만 해외여행을 연간 4회 이상 하는 비율이 41.2%로 가장 높다. 그 다음이 3회로 32.4%, 2회 17.6%, 한 번도 안 간다는 2.9%였다. 간단히 말해 113명 중 해외에 안 나가는 사람은 3명밖에 안 된다는 계산이다. 해외로 많이 나가는 사람일수록 세계지도를 보고 부(富)를 캐낸다는 결론이다. 말은 제주도가 아닌 몽골로, 사람은 서울이 아닌 세계로 내보내는 세상이 된 것이다.

증시에서 개인이 돈을 벌려면 립 밴 윙클처럼 묘약을 먹고 수십 년
간 푹 자고 일어나야 한다는 말이 있다. 윙클은 아내가 퍼붓는 잔소리
에 질려 산속으로 들어갔다가 신선 같은 소인들 잔치판에서 술 한 잔
얻어먹고 깨보니 30년이란 세월이 휙 지나가고 마누라도 죽고 없어졌
더란 얘기의 주인공이다.

인간사의 요철(凹凸)을 다 겪었다가는 참기가 어려운 만큼, 차라
리 모른다면 증시에서 폭락과 폭등에 초연할 수 있으리라. 폭락 땐 공
포가, 오를 땐 탐욕이 작용한다. 그리고 등락 폭이 그토록 큰 이유는
바로 불확실성이 작용한 탓이다. 이 불확실성을 극복하고 싶은 게 인
간 심리다. 수면제를 먹고 푹 잠들어 버리면 자기도 모르게 불확실성
은 지나가고 확실한 결과만 남는다. 지난 200년간 증시 역사를 보면
1929년 대공황조차 찻잔 속 돌풍처럼 아무것도 아닌 사건에 불과할
정도다. 그러나 현장에서 당하면 너무나 끔찍해 참을 수 없는 게 인간

속성이다.

불확실성 때문에 사람들은 점을 치러 다니고 대권주자들도 예언가를 찾는다. 확실성에 너무 목마른 인간은 신(神)에게 단 한 가지 소원을 말한다면 내일자 경제신문을 달라고 할 것이다. 하루 앞서 주가·환율·금리변화·부동산개발계획 등을 알 수만 있다면 부귀영화는 떼어놓은 당상이기 때문이리라.

뉴욕 월가에 실제 그런 괴담이 있었다. 주인공은 저드슨 토머스. 50세쯤 된 증권분석사였던 이 사나이는 추천 종목마다 틀리고 예측은 늘 빗나갔다.

그러던 차에 2002년 어느 날 출근길에 포체스터역 맹인에게서 〈월스트리트저널〉을 샀다. 1면에서 인텔이 4달러 오른 80달러로 마감됐다는 뉴스를 읽곤 쓰레기통에 버렸다. 오메가라는 고객에게서 인텔 10만 주를 사달라는 주문이 들어왔는데 76달러에 거래되고 있었다. 인텔이 갑자기 뛰기 시작해서 그는 5만 주를 사지 못했다. 고객에게서 "실적발표를 봤느냐. 10만 주를 다 샀느냐"는 전화가 왔다. "실적은 오늘 아침 신문에 났잖아요?" "미치겠네. 방금 발표했다니까." 회사에 배달된 오늘 아침자 〈월스트리트저널〉을 다시 보니 분명 인텔 기사가 없잖은가!

다음날 아침 그는 포체스터역 맹인에게서 〈월스트리트저널〉을 구입했다. 이번엔 암젠이 6달러 뛴 45달러에 마감되고 텍사스인스트루

먼트는 4.2달러 폭락했다는 기사가 실려 있었다. 신문을 또 쓰레기통에 넣지 않으면 황홀한 마법이 깨져버릴지 모른다는 생각이 들었다. 다음날 아침 토머스가 '내일자 신문'을 보니 이번엔 모토롤라가 5달러 올랐다는 소식을 보도하고 있었다. 그가 이 종목들을 고객에게 추천한 것은 두말할 나위도 없다.

얼마 후 그는 '천재'라고 불렸다. 아니, 황금의 신(神)이 됐다.

그러던 어느 날 가판대 맹인은 사라지고 그가 산 신문은 평범한 '오늘 신문'이었다. 맹인은 1주일에 하루 꼴로만 나타났다. 어떤 때는 한 달간도 보이지 않았다. '내일자 신문'을 사지 못한 날은 토머스는 입을 다물고 있었다. 그는 비밀을 간직했다. 그는 2003년에는 연봉 400만 달러를 받아갔다. CNBC는 그를 카메라 앞에 세우려 무척 애썼지만 그는 절대로 나가지 않았다.

그 해 6월 토머스는 출근길에 심장발작을 일으켜 입원했다. 그는 죽기 전에 A씨를 꼭 불러달라고 애원했다. 산소호흡기를 잠시 떼고 A씨를 만난 자리에서 그는 모든 비밀을 고백했다. 그리고 제안했다. "나는 입원 중에 특별한 신문을 배달받는데 이번엔 일주일 후 신문이었다. 그런데 시세표 옆 부고란에 내가 죽는다는 기사도 실려 있다. 의사가 뛰어난데 내가 설마 죽겠는가. 그러니 나하고 동업하자. 엄청난 돈을 벌지 않겠나." 그로부터 일주일 후 〈월스트리트저널〉에서 토머스가 죽었다는 부고를 본 A씨의 얘기로 이 괴담은 끝이 난다. 바턴 빅스가 쓴 《투자전쟁》에 실화처럼 나온 얘기다.

저자는 무슨 연유로 이 얘기를 썼는지 설명하지 않는다. 그러나 짐작은 간다. 냉혹한 투자 세계에서의 염원을 담은 이야기다. 그러면서도 은유적인 자락을 깔고 있다. 매일 꼼꼼히 읽으라는 것. 그러면 길이 보인다는 것을 강조하고 싶었을 것이다. 사실 신문이나 다른 매스컴을 통해 공개되는 정보는 차별을 두지 않는다. 다만 받아들이는 사람이 어떻게 해석하느냐는 '아는 만큼 보인다'로 귀결될 것이다.

우리가 보기에 '모든 것을 아는 것 같은' 사람, 앨빈 토플러나 빌 게이츠가 한국을 방문해 학생들 앞에서 무슨 말을 했는가. 필자는 두 가지를 기억하고 있다.

"10년 후, 20년 후가 어떻게 될 것인지 상상력을 극대화해라."

"그러기 위해서는 신문과 책을 매일 30분 이상 읽어라."

PART 03

힐링, 대한민국

...

품격 있는 삶을 위해

부와 명예는 친하지 않다

　아인슈타인은 아무리 상대성 원리를 쉽게 설명해도 사람들이 어렵다고 투덜대자 방법을 착안해 냈다. "뜨거운 난로 앞에 있으면 1분이 2시간처럼 느껴지고 천하절색 미인과 함께 있으면 2시간도 1분처럼 느껴지는 것, 그게 바로 상대성입니다."

　원래 부귀영화는 샴쌍둥이처럼 한 단어였다. 그러던 것이 민주화가 진행되며 부(富)와 명예로 분리되더니 날카롭게 대립하는 개념이 됐다. 장관이나 헌재소장이란 큰 명예를 앞두고 관문을 넘으려 하면 청문회에서 돈 문제가 끈덕지게 방해한다. 박근혜 정부 출범에 앞서 이동흡 헌재소장 후보가 '흡31'이란 창피한 별명과 함께 혼이 났다. 부와 명예, 도대체 그 관계는 무엇인가? 명석한 아인슈타인이라면 어떻게 설명했을까. "대통령은 연봉이 2억 원이고 은행장 연봉은 20억 원으로 10배 높지만, 대통령은 은행장보다 높은 사람 5,000명가량을 임명한다", 이런 식일까?

정말로 궁금한 것은 큰 흠집을 가진 사람들이 왜 자리를 준다는 제의에 'OK'하는가다. 요행에 매달리려는가. 요즘은 '명예의 전당'으로 들어가자면 부동산 투기, 병역의무, 자녀 국적(國籍), 논문 문제 등 마(魔)의 4대문을 날쌘하게 통과해야 한다. 눈물을 훔치고 떠난 한 후보는 "나는 절대로 투기를 하지 않았다"고 강변하지만 국민은 웃기지 말라며 동정조차 않는다. 왜 자꾸만 어긋나는 일이 벌어지는 걸까.

인간이 부에 만족하지 못하고 명예를 탐하는 영원히 변하지 않는 속성 때문일 게다. 인간은 부를 보고 절을 하진 않지만 벼슬을 보곤 꼬여든다. 명예가 있어야 삶이 완성되는 느낌을 받는다.

부와 명예, 그것은 양립할 수 없는 걸까. 맞다. 양립할 수 없다. 15년 전 김영삼 대통령(YS)이 단순무식하게(?) 명령했으니까. YS는 1993년 조각 당시 몇몇 장관 후보의 부동산 문제로 언론에 얻어맞자 엄청 화를 내면서 말했다. "이제부터 부와 명예 중 하나만 선택하라." 물론 YS의 일갈이 틀리다는 걸 우리는 알고 있다.

부와 명예의 월계관을 주는 결정권은 국민에게 있다. 시대가 투명해질수록 바(Bar)는 더욱 높아진다. 이제 국민은 돈 버는 'How'를 묻는다.

장관이나 청와대 수석을 하려면 전문지식을 입증해야 한다. 다시한 번 헤아려 보자. 명예는 권력을 준다. 권력의 원천은 국민이다. 국민은 감정과 질투심을 가진 생명체다.

대통령을 뽑는 직선제에선 어느 나라도 재벌 총수가 대통령이 된 적이 없다. 미국의 로스 페로가 몇 번이나 나와서 5%밖에 득표하지 못했다. 전에 포드가 상원에 도전했지만 떨어졌고, 한국의 정주영도 대선에 나와 참패했다. 지금은 빌 게이츠나 잭 웰치, 짐 사이먼 같은 이는 대통령에 나오려고 꿈도 꾸지 않는다. 명예롭게 생활한 장군 출신은 대통령이 됐다. 그랜트, 아이젠하워, 트루먼, 드골이 그들이다. 인류 역사상 최고 부자였던 록펠러, 카네기, 굴드 그리고 모건은 대통령 선거에 얼굴을 내밀기는커녕 뭇매를 맞지 않은 게 다행이었다. 다만 그들은 강도귀족(Robber Barons)이란 오명을 뒤집어썼다.

왜?

남자의 감정과 질투, 부자들의 머니애니멀 같은 속성의 합작품 때문이다. 원초적으로 남자는 부와 명예를 모두 가진 것에 질투한다. 그래서 부자는 고위선출직에 당선된 역사가 없는 것이다. 이탈리아의 베를루스코니와 태국의 탁신은 내각제에 총리를 한 것뿐인데 금방 쫓겨났다. 명예와 부는 친(親)하지 않다.

이제부터 총리나 장관 혹은 그에 버금가는 고위공직자를 하려는 사람들은 어려서부터 평생관리에 들어가야 한다. 명예를 지켜나가야 하며 고귀한 자신의 브랜드를 일찍부터 가꿔야 할 것이다.

경제의 의미를 인류에게 처음 도입한 애덤 스미스는 왜 명예를 추구하는 자가 돈을 함께 추구해선 안 되는지를 18세기에 이미 정리해

됐다. "명예는 명예로운 보수를 형성하는 가장 큰 부분이므로 일반적으로 보상이 낮아도 기꺼이 이 직업에 종사하게 된다. 하지만 가장 혐오스러운 직종인 사형집행인은 일의 양에 비해 다른 어느 직종보다 많은 보수를 받는다."

국내에서 총리나 장관직을 제의 받고 손사래 친 사람들도 있다. 이미 애덤 스미스의 진리를 깨달은, 제 분수를 아는 사람들이다. 영국 왕위 계승자 서열 3위인 해리 왕자가 아프가니스탄 전선에 배치된 적이 있다. 그의 삼촌 앤드루 왕자는 영국과 아르헨티나 사이에 벌어진 포클랜드전쟁(1982년) 때 날아오는 엑조세 미사일을 헬기를 타고 유도하는 임무를 맡았다. 둘 다 목숨을 잃기 딱 알맞은 포지션이었다. 제2차 세계대전 동안 영국은 과학자를 비롯한 최고 인재 25%를 전쟁터에서 잃었다.

노블레스 오블리주도 좋지만 너무 손실이 크지 않냐, 이제 징집제도를 좀 고치자는 논의로 들끓은 적이 있다. 확실히 영국 상류층은 상류층이라 할 자격이 있다. 꼭 높은 벼슬만 명예가 아니다. 국가나 지역사회를 빛내준 인물들도 명예의 전당 최고 꼭대기를 차지할 자격이 있다. 그라민 은행을 창설한 유누스 같은 사람 말이다.

미국인 척 피니(Chuck Feeney)는 여러 해 동안 〈포브스〉에 세계 23위 부자로 소개됐지만 알고 보니 빈손에 가까웠다. 지난 25년에 걸쳐 전 재산 4조 원가량을 기부해 버리고 본인은 집도 자동차도 없이 지하철을 타고 다닌다. 이 사람 신조는 "살아 있을 때 남을 돕자"

는 것이란다.

그린스펀은 향후 30년간 도래할 세상에 대해 언급하는 장(Chapter)의 제목을 '델포이의 신탁'으로 명명했다. 그는 요즘처럼 양극화가 심화돼 간다면 인류가 존속할 수 없을 것으로 예측하고 있다. 처방이 시급하다는 것. 짐 사이먼처럼 헤지펀드 운용 대가로 연간 1조 7,000억 원을 벌고(2006년), 지구상 인구 절반가량이 하루 1달러도 안 되는 벌이로 굶어죽는 사람이 숱하다면 그런 틀은 오래 존속하기 어렵다.

오늘날 미국이 세계 최고가 되도록 해준 존재는 아이러니하게도 강도 신세를 청산하고 천사로 돌아온 탕아들 때문이다. 1865년 남북전쟁 후 나라가 쑥대밭이 되고 링컨이 죽었을 때 앤드루 카네기는 30세, 존 D 록펠러는 26세, 제이 굴드는 29세, 그리고 피어폰트 모건은 28세였다. 이들이 활약한 40년 동안 미국 경제는 영국, 독일, 일본, 프랑스 등을 차례로 따라잡고 1900년이 되었을 때는 천하제일이 되었다. 그렇지만 이들이 행한 수법은 비열하고 잔인했다.

나중에 "부자인 채로 죽는 것은 부끄러운 일"이라는 천하 명언을 남겼던 철강왕 카네기는 직원들 임금을 짜내고 또 짜내는 천하의 왕소금이었다. 석유왕 록펠러는 가명을 쓰며 첩을 얻어 두 집 살림을 했으며 인수·합병(M&A)에 저항하는 경쟁기업은 가차 없이 쓰러뜨려 헐값에 매입했다. 키가 150센티미터밖에 안 되는 음산하고 칙칙한 철도왕 굴드는 '죽음의 손길'과 동의어였다. 피어폰트 모건은 그의 돈을 빌리지 않고서는 미국과 영국이 제1차 세계대전을 수행할 수 없을 정도로 계산적이었던 인물이다.

종교적 신념이 투철했던 록펠러는 자신이 벌어들인 돈 중 일부를 교회나 자선단체에 기부하려 했지만 "강도짓으로 번 더러운 돈은 받지 않겠다"는 가난한 사람들 반응에 충격을 받았다. 저술가 매슈 조지프슨은 당대 부자들에게 강도귀족이라는 별명을 붙였다.

1901년 2월 25일. 카네기는 자신의 철강회사를 피어폰트 모건에게 4억 9,000만 달러에 팔았다. 그리고 카네기재단을 만들어 대학을 세우고 세상을 돕는 데 대부분의 돈을 쾌척했다. 당시 일본 정부 예산이 1억 3,000만 달러였다니 비교해 보라. 록펠러도 훗날 시카고대 설립에 6,000만 달러, 록펠러재단에 3억 5,000만 달러를 냈다. 포드재단(5억 달러, 1936년) 설립이 뒤따랐다.

그리고 100년 후 워런 버핏은 게이츠재단에 450억 달러를 흔쾌히 냈는데, 그 정신적 공로는 카네기와 록펠러에게 돌려야 마땅하다. 게이츠는 그 정신을 이어받아 스위스 다보스포럼에서 '창조적 자본주의(Creative Capitalism)'라는 착상을 냈다. 이 운동의 원조는 바로 원조 강도들 아니겠는가.

원래 카를 마르크스가 공산당선언을 한 1848년 자본주의는 필히 망할 수밖에 없는 구조를 가졌다고 만국의 프롤레타리아들을 선동했다. 그러나 자본주의를 망하지 않게 지탱해준 요소는 흔히 노동조합,

학교, 그리고 기부행위 세 가지라고 한다. 미국 4대 악당은 가장 혐오스러운 짓을 많이 했으나 미국 경제를 세계 최강으로 우뚝 세웠다. 그리고 자본주의가 망하지 않도록 장치를 마련했다. 이들이야말로 진정 명예로운 인물이다.

부가 어떻게 명예로 치환되는지를 증명한 레전드가 아니고 무엇이겠는가!

인간의 3대 법칙

인간은 과거보다는 미래를 원한다. 항상 새로운 것에 열광한다. 민주주의 기초를 놓은 존 로크는 대중은 무식하다 하여 0.5표의 투표권을 주자고 했다. 그러나 오늘날 집단의 지식은 항상 소수 엘리트를 뛰어넘는다는 사실이 입증됐다. 《대중의 직관》을 쓴 존 L캐스티는 "우리는 무엇을 소유하느냐가 아니라 무엇을 공유하느냐로 미래를 결정한다"고 결론지었다. 선거는 대표적인 그런 행위다.

선거가 끝나고 보면 선거전에 위력을 발하는 것 같은 것들이 한낱 장난질에 불과한 사실이 드러나곤 한다. 대선 후 이정희의 막말이 일등공신이었다고 말하지만 현재적 순간에는 그렇게 말하기 어렵다. 다시 한 번 한국의 가치, 한국의 주류(Main stream)에 대해 생각하게 한다. 한국은 세계의 우등생 축에 든다. 유엔 사무총장, 세계은행 총재를 배출하고 세계 1~2등 하는 기업도 많다. 그런 실력 있는 국민들을 대상으로 꼼수가 통하리라고 봤다면 스스로 격을 낮춘 것이다. 그것은 국가의 품격, 국민의 자존심에 관한 문제다.

위험해 보이는 선동꾼이 팔뚝을 크게 휘저으며 "확 갈아엎어 버리자"고 하면 국민의 집단무의식에선 '저 사람은 위험하다. 국회에 들여서도 안 되며 저 당이 권력을 잡아도 안 되겠다'는 신호전달 장치가 작동한다.

상황이 유리하면 제멋대로 까불고 불리해지면 반성하겠다, 회초리로 나를 때리라고 하는데 글쎄… 인간이 그리 쉽게 바뀌는 걸 본 적이 있는가. 인간의 내면연구에 평생을 바친 카를 융(Carl Jung)은 어두운 면을 지배하는 페르소나가 그렇게 쉽게 바뀌지 않는다고 분석한다.

20년간 사업을 하면서 사람을 많이 써본 내 친구는 스스로 정립한 '인간의 3대 법칙'을 설명해줬고 우리는 그 기준을 오래 풀어먹었다. 첫 번째가 원판 불변의 법칙이고 두 번째, 세 번째는 해당 부류들의 체면 때문에 여기선 비밀에 부치겠다(신문 칼럼으로 나갈 때 2,3번을 공란으로 했는데 그 친구가 나에게 해준 말을 여기서 전달하자면 '교수 집단의 무책임성', 그리고 '낮은 학력소유자의 자의식'이 종종 큰 사고의 원인이 되더란 얘기였다).

원판 불변이라 함은 '인간은 정말이지 바뀌지 않더라'는 것이다. 물론 예외는 있다. 괄목상대라는 고사성어를 만들어낸 삼국지 오나라의 책사(策士) 여몽, 그리고 레오나르도 다빈치가 그린 최후의 만찬에서 예수와 배반자 가롯 유다가 동일 인물을 모델(P. 반디네리)로 쓴 게 그

160

런 경우다.

여몽은 관우를 잡고, 그 길로 장비도 횡사하고 복수의 화염에 사로잡힌 유비는 이릉전투에서 패망해 촉나라의 붕괴를 가져왔다. 낫 놓고 기역자도 몰랐던 여몽이 글을 깨우친 후 삼국지의 운명을 갈랐던 것이다.

나는 서울법대 출신 장관이나 유력정치인을 만나면 "언제 서울법대 출신 대통령을 배출합니까?"라고 묻곤 한다. 그들은 낙타가 바늘귀 들어가는 것 만큼이나 어려운 일이라고 말한다. 그들의 DNA는 남을 생각해줄 줄도, 남의 얘기를 경청할 줄도, 남의 도움을 청할 줄도 모른다는 것이다. 과거 이회창, 이인제 씨가 대권에 무척 가깝게 다가섰다가 꿈을 이루지 못한 것도 인간의 법칙을 무시했기 때문이다.

대중은 새로운 의제설정, 그리고 그것이 미래 지향형일 때 호의를 보일 것이다. 오바마 재선 당시 느닷없이 여성 표심잡기가 중심 화두로 떠오른 적이 있다.

문성근 씨는 2012년 총선 후 "부산은 나꼼수 시청률이 떨어져서 패했다" 했는데 참 딱한 분석이 대선에도 그대로 이어졌다. 인간의 뇌는 과거의 데자뷰를 질색한다고 하지 않았는가. 안철수가 대학에서 세상 물정을 모르는 대학생들에게 했던 강단정치는 달밤에 쓴 연애편지 수준이었다. 그는 왜 대통령이 되려 하는지, 정책과 비전의 실력이 뭔지 진짜 증명해보이지 않아 피노키오가 돼버렸다.

운세가 부를 결정하는가

중국인들은 워낙 운세를 따지는 사람들이라 올림픽 개최 시간을 8월 8일 8시 8분 8초로 맞춰 잡았다. '8(八)자'와 발전을 의미하는 '발(發)'자의 음이 같아 워낙 좋아한다는 것이다. 그래서 8자가 무려 5번이나 겹치게 이벤트를 잡았다고 한다. 풍수지리에 한 가닥 한다는 최창조 교수는 청와대 터가 고약하단 풍설을 내놨다. 차길진 법사라는 사람은 《효자동 일번지》라는 책에서 청와대 터는 사람이 살 곳이 아니라 신선이 아니면 버티기 어렵다는 악터라고 평가해 놓았다.

이에 언젠가 이명박 대통령에게 당시 청와대에서 밥을 먹으면서 의견을 물었다. 이에 대해 이 대통령은 단번에 반론을 제기했다. "청와대 터는 왕 터입니다. 정말 좋은 데를 잡았어요. 그런데 화기(火氣)가 있다 해서 청계천을 파서 물을 들이고 해태를 설치했다고 해요. 청계천이 덮여 있으면 문제가 생겨서 열고…. 그런데 서양 사람들 풍수지리, 토정비결, 그런 거 안 따지고도 잘 살잖아요"라고 반문하는 것이

162

었다.

　그런데《괴짜 심리학》저자 리처드 와이즈먼에 따르면 미국인 1억 명가량은 '오늘의 운세'를 읽는다고 하고 600만 명가량이 자기 운명을 알아보기 위해 점성가를 찾는다고 한다. 로널드 레이건과 낸시 여사는 정치적 단안을 내릴 때마다 점성가 도움을 얻었다니 흥미롭다. 연구를 좋아하는 미국 사람들이 가만히 있을 리 없다. 작심하고 많은 전문가가 이 분야를 팠다. '측정될 수 없는 것은 존재하지 않는다'는 게 좌우명인 한스 아이젱크(Hans Eysenck). 그는 한국으로 말하자면 '무슨 띠(서양에선 별자리) 성격은 어떻다'는 정형은 말도 안 되는 헛소리임을 증명해냈다.

　영국 과학자 제프리 딘(Jeffrey Dean)은 점성가들이 '한 인간이 태어나는 순간 각 행성 위치가 그 사람 성격과 삶을 결정한다'고 하는데 그 말이 맞는지 연구하는 데 평생을 바쳤다. 그 주장이 맞다면 같은 순간에 같은 장소에서 태어난 사람들의 사주팔자는 거의 같아야 한다.

　그는 1958년 3월 3일에서 3월 9일 사이에 런던에서 태어난 2,000여 명 기록을 검토했다. 연구 결과 똑같은 생년월일을 가진 사람들 삶에서 어떤 유사성도 찾을 수 없었다. 여러 차례 실험한 결과 얻을 수 있었던 공통점은 어느 실험에서도 점성술과 삶의 관계가 무관했다는 것뿐. 제프리는 점성가 사이에서 가장 미움 받는 배반자가 되었다. 도대체 장사가 안 되도록 심야 TV토론까지 나와서 훼방을 놓았으니까.

1980년대 후반 미국 점성가들은 가장 악명 높은 연쇄살인범 존 게이시가 태어난 시간과 장소를 조사했다. 그는 33명을 살해한 혐의로 사형 선고 12차례, 무기징역 21차례를 받은 흉악범이다. 연구자들은 이 인간의 사주를 알아맞히는가 보기 위해 5명의 점성가를 찾아가 어린이와 관련된 일을 하려는데 이 사람 성격과 직업을 알아봐 달라고 부탁했다. 그랬더니 어떤 점성가는 "어린아이 재능을 이끌어내는 능력이 있다"고 답했고, 또 다른 점성가는 "친절하고 온화한 사람"이라고 답하는 것이었다.

이 방면에 관심 있는 사람이라면 포러효과(Bertram Forer)니 바넘효과(Barnum)니 하는 말을 한 번쯤 들어보았을 것이다. 점쟁이가 해주는 말은 80~90% 인간에게 공통되기 때문에 '기가 막히게 맞는다'고 착각한다는 바로 그 얘기다.

이명박 대통령 비서실장 류우익 박사는 그날 저녁 청와대가 악터라고 한 최 교수 지적에 점잖게 반박했다.

"나는 28년간 지리학을 공부했고 최 교수는 내가 가르친 사람"이라고 운을 뗀 뒤 "이 세상에 나쁜 터는 없다. 이용하는 데 달렸다. 이용을 잘못하면 나쁘고, 마음가짐이 바르지 못하면 그렇게 된다"고 정리했다.

그러자 이 대통령도 덧붙였다. "나는 토정비결 같은 거 안 본다. 다른 사람이 내 운세를 봐도 뭐가 안 나온다고 하더라."

어디에 살든 사주가 어떻든 자신이 개척하여 열심히 살라는 말씀. 한국에는 한스 아이젱크나 제프리 딘 같은 끈질긴 연구자들이 왜 안 나오는가. 그런 사람이 나타나 흑색풍설을 싹 날려주면 좋으련만….

일과 돈의 관계

"프랑스인들의 우아한 만찬에서 오가는 대화 주제는 대개 섹스다. 프랑스인들은 손님을 접대하면서 성교의 체위와 상대가 여럿인 성생활, 여성의 다양한 속옷을 주제로 한 대화를 당연히 여긴다. 그러나 돈을 주제로 삼는 것은 천박하게 여긴다. 누가 돈을 얼마나 벌었는지, 또 무슨 차량이나 별장을 구입했다는 따위를 묻는 것은 대단히 무례한 것으로 받아들인다. 반면 미국인들은 식탁에서 섹스를 대화로 삼는 것엔 질겁한다. 돈 얘기는 밤새도록 해도 괜찮다."

프랑스에서 태어나 성장한 후 미국으로 이주해 교수생활을 한 클로테르 라파이유가 프랑스와 미국의 문화 차이를 《컬처코드》에 소개한 내용 중 일부다. 대화 내용을 보면 한국인은 프랑스인보다 미국인에 가까워 보인다.

컬처 이야기를 좀 더 소개하자면 프랑스인에게 돈은 자신을 보여주는 증거의 형태가 아니라 그다지 유쾌하지 않은 그 무엇에 불과할

166

뿐이다. 일을 더 하면 월급을 더 준다고 해도 휴가를 줄이면서까지 하진 않는다. '인간은 존엄성을 가져야 하는데 돈과 존엄성을 맞바꾸다니…'라고 생각한다.

유럽 국가들의 생각은 영국을 제외하면 거의 비슷하다. 무조건 여름휴가는 6주간이다. 어렸을 적 부모에게 물려받은 전통이 그렇기에 6주 휴가가 안 되면 나는 인간도 아닌 존재라고 철학적으로 고뇌한다. 미국은 완전히 딴판이다. 라파이유가 관찰하건대 미국인에게 돈이란 훌륭함을 나타내는 증거다. 돈은 곧 종교다. 요즘 한국의 어떤 아줌마가 '60대 이상에게 가장 중요한 3대 요소를 말하라'는 퀴즈에서 "첫째 머니, 둘째 현찰, 셋째 캐시(Cash)"라는 답을 하는 것과 다를 바 없어 보인다. 그렇다면 미국에서 부자이기만 하면 장땡인가?

여기 간단한 테스트 소재가 하나 있다. 로또에 당첨되어 한순간에 100억 원을 갖게 된 C와 전국 퀴즈게임 최종 승자 D와의 차이를 미국인들은 어떻게 설명할까. D는 엄연히 자신의 능력으로 번 사람으로 쳐주고 여기저기 TV에 출연 요청도 받는 출세한 사람으로 쳐준다. 반면 C는 아무런 능력을 증명한 적이 없다. 괜히 공돈이 생겨 강도가 들끓게 될지 모르므로 숨어서 살아야 한다.

바로 이 점이다. 미국에서 부는 반드시 자신의 능력과 결부된 그 무엇이어야 한다. 자신의 존재를 알리는 채점표다. 따라서 부정한 방법으로 돈을 번 사람은 반드시 대가를 치러야 한다. 아주 엄격하게. 부정 회계로 사실상 횡령해 돈을 번 엔론이나 타이코 등의 CEO는 70세가 넘는 고령임에도 25년형을 선고받았다. 그냥 감방에서 고생하다 죽으라는 얘기이다.

미국에서 기업의 목적은 돈만 벌자는 게 아니며 직원들에게 수익성을 역설해선 안 된다. 돈은 증거이며 보상에 꼭 필요하지만 그것만으론 부족하다. 자신의 급여가 올라가는 각도는 성장의 강력한 상징이다. 승진과 더불어 차량이 달라지고 사무실이 달라지는 것은 자신의 정체성을 강화시키는 일이다.

유럽인들은 조상대대로 물려온 신분(귀족)의식이 강한 반면 미국인들은 빈손으로 떠나온 가난뱅이 의식을 떨치지 못한다. 유럽인들은 큰돈을 벌면 은퇴생활을 즐긴다.

반면 미국인에겐 '할 일 없음=존재가치 0'의 등식이 성립한다. 은퇴란 없다. 죽을 때까지 네 존재가치를 증명하라! 그래서 수십억 달러를 번 다음에도 얼마나 유능한지 입증하기 위해 수십억 달러를 더 벌려고 아등바등 다툰다. 남에게 기부하는 것은 인생의 승자임을 알리는 금메달이다. 돈을 버는 것 자체가 목적은 아니며 그저 능력의 성적표이고 그것을 사회에 되돌리란 DNA를 가지고 사는 사람들이다.

우리는 식탁에서 무슨 얘기를 하는가? 돈과 일은 무슨 관계인가? 돈보다 인간의 존엄을 높게 치는 프랑스 방식이 좋다는 건 아니다. 그러나 위에서 예를 든 어떤 아줌마의 60대 이야기는 시사하는 바 크다.

'일의 과정과 도덕성 따윈 모르겠다', '무조건 부자가 되고 봐야겠다' '이런들 어떠하며 저런들 어떠한지 묻지 마라'라는 식의 '만수산 드렁칡론(論)'에 젖어왔다고 해도 과언이 아니다.

이제 선진한국이란 말을 쓰는 사람이 늘고 있다. 그러자면 부(富)와 일(Job)에 대한 한국적 전거(典據)를 세워야 한다.

증권사기꾼에 대한 미국·한국 판사의 의식

살기 팍팍해지니 주식 투자 인구가 늘었는데 20대가 10만 명, 60대 이상이 40만 명 증가했다 한다. 2012년 초의 상황이다. 없는 계층이 복권을 많이 사는, 그야말로 수탈의 정글에 발을 들인 것이다. 이들은 밤에 맹수의 접근을 보지 못한다.

당시 김석동 금융위원장이 월가를 방문해 평소 궁금해 하던 사안 하나를 질문했다고 한다. "왜 미국은 증권범죄에 형량을 세게 때리냐"가 그것이었다. 이에 대해 돌아온 답변은 이랬다. "일반 범죄는 보이는 사람만 해치지만 증권범죄는 보이지 않는 사람까지 죽이는 킬러(Killer)이기 때문이다." 그래서 미국은 증권범죄자를 집행유예가 아니라 확실하게 징역을 살게 한다는 것이다.

2008년 금융위기 때 폰지형 금융사기 행각을 벌였던 버나드 메이도프에게 미국 법원은 150년 징역형에 172억 달러 몰수를 선고했다.

아프리카 카메룬에서 다이아몬드 광산을 발견했다는 CNK주가 사기 사건엔 당시 실세였던 박영준 차관, 김은석 외교부 대사 등이 연루된 바 있다. 미국에서 이런 식의 내부자 정보 악용사건에 걸린 라자라트 남은 징역 11년형을 언도 받았다.

1980년대 이반 보스키, 1990년대 마이클 밀켄, 2000년대 엔론 회계부정 사건에서 미국법원은 '증권범죄는 끝을 본다'는 공식을 남겼다. 엔론 CEO 스킬링은 징역 24년 4개월에 벌금 4,500만 달러를 언도받았다. 한국엔 스킬링보다 회계부정 규모가 훨씬 큰 기업인이 꽤 있으나 징역 2년을 넘기지 않았다. 조금만 정신을 집중해보거나 포탈을 검색해보면 그들이 누구인지 찾아낼 수 있을 것이다. 반면 미국은 중대 증권범죄자가 다시는 사기행각을 못하게 증시에서 영원히 추방해 버린다. 그렇게 하는 게 맞다.

우리는 증권 투자에 나섰다가 홀랑 말아먹고 자살로 생을 마감했다는 아녀자, 실직자, 청년백수 등의 처연한 스토리에 가슴이 짠하다. 외교부 공무원들이 재미를 본 CNK는 하한가에도 안 팔린 매도잔량이 200만 주가 넘는다는 기사가 도배됐다. 이들 중 돈을 빌려 외상으로 투기(?)한 사람은 수천만 원, 수억 원을 순식간에 잃을 것이다. 60·70대 노인이라면 눈을 감기 전에 다시는 만회할 수 없는 거금이며 그의 여생은 어둠 속으로 내팽개쳐질 것이다.

몽테 크리스토 백작이 CNK 다이아몬드 사건의 퍼즐을 맞춰나간다면 대주주가 기획한 사기라고 결론지을지 모르겠다. 외교부 직원, 대통령의 형 특사는 주변을 현혹시키기 위한 보조장치고. 그런 것도 모르고 20대 대학생, 70대 노인이 한 푼이라도 벌어보겠다고 뛰어들었다는 이 사건의 끝은 '양들의 침묵'이다.

이 사건에서 판사들은 어떤 마무리를 하였나. 한국 판사들은 정치꾼이 돼서 가카새끼, 빅엿 어쩌고 하다가 종북파 진보세력에 들어가 국회의원 배지 다는 데 혈안이 된 자들이 많지 않은가. 사법부는 증시를 사기꾼들 놀이터로 만든 데 대해 고해성사해야 한다. 장구한 세월 사육제를 너무 많이 벌인 한국 증시는 한 번쯤 세례가 필요하다.

그들이 저지른 일을 기록은 알고 있다. 송병욱 금융감독원 선임조사역의 석사논문에 따르면 한국 판사들은 지난 10년간 증권범죄자 70.6%를 집행유예로 풀어줬다. 징역형 언도율이 높으면 뭣하겠는가, 집행유예라는 뒷구멍으로 다 빼주는데.

부당 이득을 봤으면 응당 1~3배 벌금으로 몰수해야 하건만 형량은 0.84배에 불과했다. 재수 없이 걸려도 남는 장사를 사법부의 정의로 보장해준 것이다. 더 한심한 것은 부당 이득이 증가할수록 처벌비율은 한계적으로 감소했다.

사실 한국 형사법도 증권범죄를 엄단하겠다고 여러 차례 법을 고쳤다. 가령 범죄가액이 50억 원을 넘으면 무기 또는 5년 이상 징역형이 맞다. 그런데 실제 판결 내용은 어땠나? 이명박 대통령 집권시절 대통령의 친구였던 C씨는 무려 1,016회에 걸쳐 시세조종 행위를 하여 몰수 금액이 71억 원으로 대법원이 확정하면서도 집행유예 4년으로 풀려났다. LG그룹 3세가 얽인 사건에서 항소심은 벌금 172억 원, 징역 2년 6월을 선고했으나 대법원은 집행유예로 역시 감방행을 면해줬다.

판사들은 희대의 증권범죄자들을 영어(囹圄)에서 해방시켰다. 그러니까 실정법을 얕보고 증권범죄를 대수롭지 않게 여기는 것이다. CNK 사건도 물렁한 판결이 부추긴 측면이 있다. 자본주의 꽃인 증시를 어지럽히는 데 일조한 사법부에 맹성을 촉구한다.

아파트 시장의 천지개벽

수도권 아파트값이 속절없이 떨어지는데 우리 눈에 보이지 않는 힘이 작용하는 걸까?

"그렇다"고 생각하는 게 맞다. 맨눈으로는 보이지 않지만 장막 뒤엔 스노볼(Snowball)이 구르고 있다. 부동산은 한국의 경제성장 17%를 책임지고 중산층 중 8할은 달랑 집 한 채 가지고 목숨을 걸다시피 하고 있다. 부동산 값이 오르면 일자리도 생기고 모두가 행복할 텐데 정치판은 애써 외면한다. 아파트값을 올려놓을 수만 있다면 인기는 있을 것이나 거대한 흐름을 바꿀 수 없음을 알기 때문이리라.

한국의 부동산 시장은 과거 40년 동안 흔들리지 않는 몇 가지 원칙들이 지배해 왔다.

첫째, 30대 가장이 맨 먼저 하는 일은 내 집 마련이고 둘째, 40대 이후 중소형에서 큰 집으로 갈아타며 셋째, 전세금이 매매가격의 60%

선을 넘어가면 바닥이 확인돼 매수세로 돌아서고 넷째, 아파트 투자는 결국 은행예금, 주식, 채권투자를 이기는 최종 승자라는 사실이다. 인구 증가, 수도권 인구 집중 이 두 가지 힘이 만들어준 부동산 불패신화였다.

이런 용감한 믿음으로 부녀회가 담합하여 아파트값을 올렸고 건설업체는 또 분양가를 올리는, 투기의 맷돌을 가차 없이 돌렸던 것이다. 서울 전세금은 시세의 60%를 돌파했다. 이전 같으면 5~6개 공식들이 맷돌을 돌릴 차례다. 지금 사면 대박을 내야 맞다. 당신의 직관은 무엇인가? 그렇다. 왠지 아닐 것 같다. 옛 공리(Axiom)들의 맹세는 끝이 났다.

이는 사람들이 사는 행태의 변화 때문이다. 우선 인구가 안 늘어난다. 사람이 수도권에 몰려오는 게 아니라 되레 지방으로 빠져나간다. 1985년 한 가족 4.16명이던 구조가 2.69명으로 바뀌었다. 2인 이하 가구가 거의 절반에서 20년 안에 65%까지 늘어난다.

인구 감소세를 앞둔 일본에서 벌어진 일을 보라. 도쿄의 주택가격지수는 1993년 190에서 2012년 82로 56.7%나 하락했다. 가격은 수요·공급의 법칙을 이길 수가 없다. 수요흐름이 결정적 변화를 예고한다. 그에 따라 공급의 방식을 바꾸지 않으면 건설업체는 살아남을 수 없다. 사람들은 머릿속을 바꾸는 중이다. 주택을 소유의 개념으로 보지 않고 이용의 개념으로 보기 시작했다.

연예인이나 30억~50억 원대 부자들이 펜트하우스 대신 강남 소형 빌딩을 찾는다는 기사를 보았을 터이다. 수익이 나는 부동산을 선호하겠다는 개념 변화다. 그런데 몇 년이 지나면 그들도 유행 좇다 낭패했다는 재미있는 뉴스가 들릴 것이다.

이렇게 주택(아파트)을 둘러싼 여건이 쓰나미인데 정부의 정책이 그대로면 큰일 난다. 10억~20억 원 하는 아파트 분양가를 단번에 계산하라는 방식은 지금 사는 아파트가 안 팔리면 돈키호테 같은 짓이다. 이제 선분양 방식은 수명을 다했다. 강남도 미분양이다. 은행의 부동산 담보대출이 400조 원에 달하고, 연체율이 1%를 돌파한 것도 문제고, 송도·영종도에서 경매가격이 50%까지 떨어진 현상은 은은한 천둥소리다. 부채 구조조정이 없으면 은행에 벼락이 내리칠 것이란 전조다.

이제 집을 안 사고 세(貰)를 살려는 풍조가 폭발적으로 늘 것이다. 그러면 맥쿼리 같은 회사형 펀드가 분양주택을 몽땅 공급받아 세를 받고 입주자에게 빌려주는 회사형 사업자를 시급히 양성해야 맞다. 안 그러면 집을 못 짓는다. 미국, 일본, 유럽의 많은 국가들도 회사들이 수만, 수십만 채를 보유하며 렌터카처럼 주택임대를 한다.

개인 임대사업자도 크게 키워야 한다. 그러자면 양도세, 보유세, 취득세 체계를 전반적으로 손보는 게 급선무다. 강남지역 DTI를 40%에서 50%로 올리는 정도의 미시조정은 어림도 없다. 주택정책 당국은 판을 크게 바꿔야 한다. 부동산필승 신화기에 만든 정책은 이제 완전 폐기하고 정책의 판을 백지에서 짜야 한다.

　필승의 저울추가 필패 쪽으로 기울기 시작했기 때문이다.

싸이의 강남스타일

싸이(PSY) 때문에 외국언론이 한국에 대한 조명을 깊이 하기 시작한 것은 좋은 징조다. 그만큼 알고 싶은 대상이 되면 한국인, 한국문화, 한국상품과 음식이 세계에 퍼지는 데 힘이 될 것이기 때문이다.

영국 〈파이낸셜타임스(FT)〉는 2012년 9월 '잘나가는 한국, 존재감 위기'라는 글의 첫머리를 싸이 현상으로 시작했다. 한국이 한강의 기적이라 불리는 경제적 벼락 출세 과정에서 싸이 같은 가수가 나왔다는 것이다.

어디서 주워들었는지 〈파이낸셜타임스(FT)〉는 참으로 많은 한국 이야기를 토해냈다. 삼성전자, 현대차는 호주에서 캘리포니아까지 인기를 휩쓸고, 한국의 1인당 소득은 유럽연합(EU) 평균치 3만 3,000달러와 '맞짱 뜨게 됐다'고 치켜세웠다. 강남 거주자들은 휘황찬란하게 살고, 아부다비에서 200억 달러짜리 원전 공사를 수주한 괴력을 칭찬한다. 안철수 교수가 어떻게 대통령 후보 지지율 1위인지 신기하다고 적었다. 이렇게 한국에 대해 몇 가지를 칭찬한 다음 그보다 여러 곱절을 한국에 대한 비판에 할애했다. 근육보다 사상이 울퉁불퉁하다는 가사처럼.

대다수 한국인들은 경제성장이 특권 엘리트층을 위한 것으로 생각하며, 발전한 나라 치고 소득불평등도가 가장 심한 나라다. 재벌은 나라 밖에선 한국을 자랑스럽게 하지만 국내서는 약자를 괴롭히고 중소기업을 도산에 이르게 하는 악한이다.

거시(巨視)지표는 찬란하나 대다수 노동자는 근무시간이 세계에서 가장 길고 사회적 압력에 녹아나는데 그중에서 아이들 교육 문제, 얼마 안 되는 좋은 직장을 차지하기 위한 살인적인 경쟁을 벌인다. 왜 한국의 출산율이 1.23명으로 세계 최저이고 자살률이 세계 최고인지 이해가 간다고 써댔다.

멋있게 시작한 강남스타일은 결국 한국의 존재 위기로 몰아가 그것이 한국스타일인 양 심술을 부린 것이다. 악평은 더 이어졌다. 작년 주요 20개국(G20) 회의는 녹색성장 같은 것으로 분장됐으며, 한국의 발전 속도에 비해 여성의 지위 향상은 훨씬 느리다….

이러한 서방의 시각엔 사실 진짜도 많다. 우리는 한국스타일이 새롭게 탄생되도록 해야 한다. 나는 이런 지적을 듣고 당시 3명의 대통령 후보에 질문을 던지고 싶었다. 우선 박근혜 후보에게는 "한국 여성의 지위 향상을 위해 프랑스처럼 여성 장관 혹은 기업 임원 비율의

30~40%를 여성으로 의무화할 생각은 없나?" 문재인 후보에겐 "한국은 좋은 직장이 얼마 안 된다는데 이를 어떻게 늘리겠는가? 혹은 무상보육으로 진짜 저출산이 해결된다고 보나" '순수함'을 표방한 안철수 후보에게는 "왜 자살률 세계 1위에 대해 당신은 언급하지 않나. 해결책은 있나" 등이다.

나중에 대선이 끝난 후 정몽준 새누리당 의원 등 몇 명이 5년 내 국영기업 여성 임원을 30%로 늘리겠다는 법안을 발의했는데 나는 또 사설을 통해 비판하지 않을 수 없었다.

여성을 30% 시키려면 임원 예비군이 40% 이상은 돼야 하지 않나. 안 그러면 여성 교수나 외국에서 여성 인력을 수입해 낙하산으로 앉혀야 하지 않나. 실력 있는 남성 직원에 비해 역차별이지 않겠는가. 그래서 세상은 한 술 밥에 배부를 수 없는 법이다.

다시 〈파이낸셜타임스(FT)〉의 한국에 대한 지적으로 돌아가면 솔직히 시기심도 묻어 있는 듯하다. 삼성전자가 세계 9위 브랜드로 도약했는데 1~8위에 유럽, 일본, 호주 기업이 단 하나라도 있는가 보라. 1~10위 내에 삼성전자를 제외한 나머지 기업은 모조리 미국이다. 존 헤이즈의 '도약의 10년 법칙'으로 한국은 담금질했다.

그러나 한국에 대해 외국인들이 쏘아보는 시선에는 우리가 못 보는 날카로움이 있다. '자살률 1위', '저출산 1위' 두 개가 겹치면 한국 존재 불가다. 이건 한국스타일이어선 안 된다.

스마트폰을 통해 '중산층별곡' 국제기준이 유행처럼 나돈 적이 있는데 거기에 또 다른 단서가 있다. 한국은 직장인 의식조사 결과 기준으로 30평형 이상 아파트, 월급 500만 원 이상, 자동차 2,000cc 이상, 예금 잔액 1억 원 이상, 해외여행 1년에 한 차례 이상으로 돼 있다.

프랑스는 퐁피두 대통령 당시 '삶의 질'을 중산층 기준으로 만들었다 한다. 그것은 외국어 1개 이상 구사, 직접 하는 스포츠와 악기 1개 이상, 요리, 약자 돕기, 기부 등으로 돼 있다. 미국과 영국의 경우도 '재산 얼마'라기보단 정신적 내용이 주류다. 이 스토리는 나중에 근거가 희박한 것으로 드러나긴 했다. 그러나 강남스타일을 계기로 한국스타일이 무엇이어야 하는지 생각하게 해준 좋은 계기다.

독도 영유권 분쟁, 한국의 꿈

《한여름 밤의 꿈》은 남녀 두 쌍이 사랑의 묘약에 취해 서로 어긋난 연정을 품은 채 쫓고 쫓긴다는 몽환의 스토리다. 지금 한·일 간, 중·일 간 벌어지는 영토분쟁은 비현실적이다. 한국과 일본은 북한 문제를 잘 다스리기 위해 정보공유협정을 논의하고 한·중·일은 공동 FTA 협상을 진행시켜야 서방이 아시아 호랑이 3개국을 두려워할 것이다.

독도분쟁을 겪을 때마다 우리는 한일병탄, 신해혁명 무렵 험악했던 제국시대의 환영을 보는 것 같다. 동북아 3국이 싸우면 서방언론은 이 장면을 사진으로 대서특필해 "저 꼴 좀 봐"라며 셰익스피어의 희곡 감상마냥 낄낄거리며 조소한다.

한국 처지에선 일본이 독도를 제 것이라 물고 늘어지는 것은 악몽이다. 일본 국민들은 왕(王)을 건드리면 과거 자신의 잘잘못을 따지기 전에 '멘붕'에 빠진다. 이명박 전 대통령이 "이제 일본의 힘이 예전 같지 않다"는 말에 속으로 더 분했을지 모른다.

국가 간 (심리)전쟁에 빠져들면 그때는 인간들이 전체주의에 빠진다고 하이에크는 갈파했다. 그 상태가 되면 무조건 자신만 이겨야 하는 광기의 민족주의가 판을 친다. 한일 축구전을 상상해보라. 그것은 심리적 독재이며 빈곤으로 이끄는 예속의 길이다. 자유와 창의가 만든 풍요의 길과 정반대의 길이다.

한·중·일 3국은 지금 나쁜 마법에 걸려 있다. 이는 쨍한 햇살과 더불어 깨어나는 짓궂은 꿈이어야 한다.

이런 와중에도 한국의 뒤통수를 세게 치는 건 100년 전이나 지금이나 3국 간 정세에서 꼴찌에 매달려 번롱당하는 처지라는 자괴감이다. 버나드 쇼의 말마따나 세상은 필연적으로 강대국의 편이다.

일본이 중국, 러시아에 상냥한 표정을 지으면서 한국에는 험악한 표정을 짓는 것도 모자라 고통을 줄 수단을 찾느라 법석이다. 통화스왑, 한국의 유엔 비상임이사국 진출 저지 같은 방안이 거론되다가 기어이 통화스왑을 뭉개버렸다. 당시 박재완 기재부 장관 등은 한일통화스왑을 부분이라도 연장하려 일본에 갔으나 한국이 '기어 들어오는' 모양새를 갖춰달라고 끝까지 양보하지 않는 바람에 할 수 없이 판을 깨고 왔다고 술회했다. 이는 양국 간 언젠간 상호 계산해야 할 또 하나의 업보다.

우리는 한여름 밤의 꿈 속에서 좀 더 '담대한 꿈'을 꾸어볼 때도 됐다. 경제력으로 일본을 한번 제쳐보는 길을 찾아보자는 거다. 일본의

GDP는 한국의 10배를 넘다가 현재는 5배 이내로 좁혀져 있다. 일본이 지금처럼 제자리를 맴돌면 수년 내 3배수 내로 쫓아갈 수도 있다. 그냥 삼성전자, 현대차 같은 회사가 많이 나오면 된다. 소니, 파나소닉, 올림푸스, 산요, 샤프전자를 다 합쳐도 삼성전자를 감당 못하지 않는가.

일본에선 2012년 4월 게이단렌 산하 정책연구소에서 "장차 일본 경제가 한국에 뒤진다"는 보고서를 내 일본 열도가 술렁였다. 한국이 따라붙는다면 특히 난리다.

지금 한국 경제는 기로에 서 있다. 특히 일본병을 경계하는 조바심이 크다. 부동산 침체와 자산디플레이션, 초고령화·저출산, 세계화에 등지는 갈라파고스 증후군 같은 것들이다. 한국이 이미 일본형 복합 불황에 전염되고 있다는 불길한 말을 하는 경제인들도 있다. 일본은 돈을 안 쓰고 갖고 있으면 내년에 가치가 더 올랐다는 화폐환상, 그 디플레이션 병으로 완전 녹초가 된 나라다. 한국인은 역동성이 있어 그런 우매함에 빠지지 않겠지만 생각을 고쳐먹으면 길이 보일 것이다. 부동산이 침체하고 인구가 줄어든다고 다 일본 꼴이 나는 건 아니다. 생각해보라. 애플, 페이스북, 구글 같은 회사는 일본에 없고 그런 기업들이 우후죽순 나오는 나라는 쪼그라들지 않는다.

로버트 솔로는 기술선도이론으로 1987년 노벨 경제학상을 탔다. 일본은 세계에서 가장 외국인을 배척하는 나라 중 하나다. 미국 유학생도 한국의 6분의 1이다. 한국은 호주·캐나다처럼 투자이민을 장려할 필요가 있다. 머리 좋은 외국인 장학생을 많이 받아 써먹는 것도 좋은 발상이다. 싸이의 강남스타일 같은 한류도 일본엔 없다.

일본은 임진왜란 이후 약 420년간 한국에 우월감을 가졌을 것이다. 한국이 20~30년 안에 일본을 훌쩍 넘는다면 거의 500년 만에 공수교대가 된다. 이것은 한여름 밤의 꿈이 아니다. 한국인의 현명함을 기대한다.

한국의 헤리티지·부루킹스

전경련이 이 시대에 이런 모습으로 재벌들 앞가림이나 하면서 연간 500억 원씩 예산을 축내며 존재할 이유가 있는가. 차라리 미국처럼 근사한 연구소로 거듭나면 좋지 않겠는가 하는 생각을 갖고 두루 의견을 구해봤다.

재계 원로 3명, 그리고 5명의 경제연구소장들에게 생각이 무엇인지 일일이 확인해 봤다. 놀랍게도 전경련을 현행대로 두자는 의견을 낸 사람은 한 명도 없었다. 그 가운데 이헌재 전장관은 필자가 모르고 있는 점을 많이 깨우쳐 주었다.

원래 전경련은 1961년 혁명 3개월 후에 박정희 정권이 부정축재자에게서 빼앗은 재산을 기부하여 앞으로 국가와 대기업(초기의 재벌)이 협조하여 한바탕 경제발전을 해보자고 격려하는 차원에서 만들었다고 한다. 당시는 기업이 어린애 같은 목소리를 내면 정부는 얼른 응석을 받아주는 소위 국가자본주의(State capitalism) 체제였다.

186

지금 대기업의 목소리는 전 세계로 울려 퍼질 만큼 쩌렁쩌렁 울리는 초거수가 됐다. 따라서 전경련의 임무가 탄생기에는 '기업(인) 이익 보호'였다면 이젠 상위 1%를 대변하는 게 아니라 상위 0.01% 이상 특수계층을 대변하는 것이니 응당 목소리도 달라져야 한다는 것이다. 즉 기업의 사회기여(CSR) 같은 분야에 힘을 쏟아야 사회적 호응을 얻는다는 지적이었다.

그리하여 정부는 1996년경 전경련에 역할 변화를 모색하도록 지시했고 당시 최종현 회장도 "그 말이 맞다"며 동의했다고 한다. 그러나 최 회장이 타계하고 김우중 회장 체제가 들어서면서 그가 대우의 경영난 타개하기 위해 전경련 회장 위치를 지렛대로 활용하려 들고 외환위기가 닥쳐 빅딜론에 휩싸이면서 흐지부지되고 말았다. 1990년대 후반 무렵 전경련은 정치자금을 걷어 엄청난 금액을 차떼기니 뭐니 하며 큰 오점을 남겼던 것이다.

또한 이명박 정부 초기에도 전경련 위상 재정립에 대한 주문이 들어간 적이 있었다고 한다. 그러던 중 촛불시위와 리먼 사태(2008년 금융위기)로 또 흐지부지 되고 말았다.

사실 세계적으로 재계 대표는 상공회의소 형태이다. 전경련은 재벌 오너 모임인 부자클럽이지 합법적으로 재계를 대표하진 않는다. 전경련은 "일본 게이단렌 모델이 있잖냐"고 하나 그것은 한국의 전경련, 대한상의, 중소기업중앙회를 모두 합친 격으로 다르다.

손경식 대한상의 의장은 "전경련 역할 모델 재설정은 이해하나 정권 교체기에 덜컥 해체하자고 한다면 부담스럽다"는 입장이었다.

KDI원장, 민간경제연구소장들은 전경련이 갖고 있는 한국경제연구원을 미국 모델을 벤치마킹해 선진화된 연구소로 개편하는 게 시대적으로 옳다고 주장한다. 즉 전경련을 그 자체로 형해화시키는 게 아니라 브레인 조직은 첨단 연구소로 탈바꿈하고, 재벌오너 이익 대변 역할은 대한상의로 가져가는 이원화 구상이다.

미국의 경우 기업연구소(AEI), 보수진영 가치를 대변하는 헤리티지연구소, 진보세력의 부르킹스연구소, CATO 같은 기업연구소들이 있다. 이들 연구소가 국가 백년대계를 걱정하며 경제발전 토대의 연구물을 내놓는다. 국가좌표도 정한다.

현오석 원장은 "삼성, 엘지, 현대경제연구원도 사실상 '연구'가 아닌 '조사' 기능에 불과하다"며 "선진 한국에 걸맞은 연구소 설립이 필요한 때가 왔다"고 말한다. KDI, 산업연구원 등은 정권이 바뀔 때마다 입맛에 맞는 단기 보고서를 생산하기 바빠 도저히 독립성이나 중장기 과제를 수행할 수 없는 처지다.

이헌재 전 장관은 전경련이 별로 하는 일도 없으면서 연간 360억 원(자유기업원을 합쳐 약 500억 원)의 예산을 쓰는 것은 어색하다고 지적한다. 그는 큰 몫을 담당하는 삼성그룹이 용단을 내려야 한다고 주장한다. 현대차, 엘지, SK그룹의 역할도 중요하다.

이제 현재의 전경련 모습은 칭송의 대상이 아니다. 한국 사회는 정치세력에 흔들리지 않고 국가 장래를 객관적으로 설계해주는 큰 목소리가 필요한 때다. 재계는 그런 첨단 브레인 조직을 선물하는 멋진 구상을 해볼 것을 권한다.

자식세대의 조건

선거가 즐비했던 2012년 초 서울대 오연천 총장과 저녁을 먹다가 "현재 가장 떠오르는 신(新)권력자가 누구인지 아느냐?"는 물음에 적이 당황한 적이 있다. 결코 맞힐 수 없는 이런 종류의 수수께끼에 오 총장은 "희화(戱畫)권력"이라며 또 한 번 뒤통수를 쳤다. 세수도 안하고 이발도 하지 않는 부스스한 꼴을 하고, 있지도 않은 사실을 꾸며내 비비 꼬면서 스스로를 잡놈이라고 칭하는 무리와 그 일단들이다.

정치의 시즌에 갑자기 시선을 모으는 강남좌파 교수, 청춘콘서트의 스타더러 국회의원 출마 의향을 넌지시 물으면 "날 뭘로 보느냐"고 모욕을 당한 사람처럼 반응한다고 한다. 금배지보다 훨씬 높은 곳에 사는 초(超)권력자들이다.

인간 군상의 변화상을 정통적으로 묵직하게 알려주는 계기판은 그래도 통계청이 2년마다 내놓는 '사회조사통계'다. 이 조사에서 꺼림칙한 부분은 자식세대의 신분 상승도 기대하기 어렵다는 일찍이 한국

발전사에서 보지 못한 퇴행적 사고다. 본인의 신분 상승이 어렵다는 실망감은 그렇다고 치고 자식세대가 잘될 것이란 기대감이 41.7%로 2년 만에 7% 가까이 줄었다니….

문득 어떤 장관이 자기 집 가정부와 애들 문제 때문에 신경전을 벌였다는 얘기가 떠오른다. 얘기인즉 장관의 아들과 가정부의 아들 중 누가 좋은 대학에 들어가느냐 한판 붙자는 식이더라는 것이다. 불과 한 세대 전만 해도 비록 머슴이라도 자식새끼에 관한 한 주인에게 꿀리지 않았다. 나는 안 돼도 내 새끼 대에는 당신을 이길 수 있어. 이런 사회가 건강하다. 그래야 허허 웃는 여유가 있고 재스민혁명 같은 폭동이 없다.

미국 사람들이 자식의 삶은 현재보다 나아질 거라고 믿은 것은 1960년대까지였다. 그 이후론 내리막이었다. 메릴린대 에릭 우슬러너 교수가 도전해 그 이유를 밝혀냈다. 처음 보는 두 사람이 서로 신뢰하는 정도, 즉 일반신뢰가 높을수록 인간들은 미래를 밝게 보더라는 것이다. 연구결과 1960년대에는 60%가량 사람들이 서로 믿는다 했다. 그러더니 1970년대 50%, 1990년대 40%까지 뚝뚝 떨어지더니 2006년에는 32%로 최저점을 찍었다. 어떤 학자가 똑같은 나라에서 어떤 지역은 잘살고 어떤 지역은 왜 못사는지를 연구해 본 결과 최종 해답은 '상호불신'이었다고 한다.

이런 사회에서 하층민은 신분 상승의 기회를 잃는다. 우선 키워주겠다는 천사가 나타나지 않는다. 서로 신뢰하지 않는 사회는 '가족 외에는 믿지 마라'는 폐쇄성으로 공공의 이익을 위해 힘을 합칠 수가 없다. 그러면 성장속도가 떨어진다. 편을 갈라 싸웠던 제주 강정마을을 상기해보라.

우리는 인터넷신문, SNS를 비롯한 소셜 매체가 급증하는 정당성을 인간의 표현의 자유 확대에서 찾았다. 말이 너희를 자유롭게 하리라고 믿었다. 그런데 인터넷의 대가 모로조프 에브게니는 불세출의 걸작 《인터넷환상(The net delusion)》에서 뭐라고 갈파했던가. 사이버 유토피아, 그건 신기루라 했다. 인권을 보호하지도 높여주지도 못하고 경제발전의 후퇴만 가져온다고 역설했다.

믿고 싶은 것만 믿는 편향 동화가 심해질수록 불신은 증폭된다. 나 꼼수를 좋아하는 사람은 그것만 듣고 그 창을 통해 보는 뒤틀린 세상을 현실이라 믿는다. 몇몇 법관들은 대통령을 희화하고 대법관조차 조롱하는데, 제 발등을 찍는 미련한 짓이다. 그 판사들은 판결의 지위를 정의의 심판대에서 시빗거리로 전락시켰다. 사이버 유토피아를 믿는 이들은 좋은 판사, 나쁜 판사로 편을 나누고, 판사들은 판사 자신들을 못 믿도록 세상을 몰아간 것이다.

불신의 벽을 높게 쳐 놓고 만인에 의한 만인의 투쟁을 유도하며 추종자를 부르는 자들은 누구이며 누가 그들을 추종하는가. 추종자들 중에는 사회적 약자들의 수가 더 많을 것이다. 그들은 최대의 피해자

가 되는 것이며 비꼬는 권력으로 재미 보는 소수의 자들이 최대의 가
해자다. 그리하여 자신은 물론 자식세대까지 가망 없는 절망에 빠뜨
린다.

포퓰리즘

고 정주영 현대 회장이 대선에 패하고 1993년 국회에 불려나왔을 때 여러 국회의원들이 회장님 찬가를 불렀다. 그로부터 18년이 흐른 후 이건희 삼성 회장이 "이명박 정부는 겨우 낙제점을 면했다"고 하고 허창수 전경련 회장이 "(몽땅)포퓰리즘"이라고 휴브리스(Hubris)의 객기를 부렸다. 국회의원들은 거의 꼭지가 돌아 총수들을 국회 청문회에 부르겠다고 아우성쳤다.

정치자금을 주고받을 일이 없어진 재계와 정치권의 한판 충돌은 예견된 일이고 관계 재정립이 필요한 시대적 순간이 오긴 왔다. 정치권은 선거 때문에 표밖에 안 보이고 기업인들은 기득권을 지켜야 하는 절체절명의 순간이다. 이 전쟁에서 승리하고 싶으면 나폴레옹의 전술대로 상대의 눈(目)을 쳐라.

재계 입장에선 사실 칼날을 잡은 싸움이다. 국회가 행정부를 족치면 검찰 세무의 칼날은 언제든지 닥칠 것이다. 후환이 두렵다.

허 회장이 "정책 결정 때 국가 장래를 생각하는지 의문"이라고 한 말은 반박할 나위도 없이 옳다. 그런데 매카시즘 전문가인 실스 (Edward Shils)의 말을 들어보라. "기득권 지배층이 만들어낸 기성 질서에 대한 인민의 분노가 있는 곳이면 어디든 포퓰리즘이 존재한다."

이명박 정부 당시 고환율·저금리로 대기업만 떼돈을 벌었네, 70조 원을 쌓아놓고도 일자리를 안 만드네, 이런 지적들은 불온한 기운을 만들어 냈다. 총수들을 국회로 불러내 서민의 분노에 불을 지르기는 식은 죽 먹기가 된다.

남녀 간 싸움에서 남자(허 회장)가 이론적으로 완벽할수록 여자(정치권)의 속을 뒤집는다. 마지막 말을 남자가 하면 부부싸움은 새로운 라운드에 접어든다. 이런 기류에서 99개를 가졌으면서도 마지막 한 개까지 가지려는 완승(完勝)의 전략은 하책이다.

재계가 줄기차게 외치는 "법인세 인하는 세계적 추세고 투자 확대와 일자리 증대에 도움이 된다"는 주장을 보자. 미국·일본·독일 등의 법인세율은 30~35%, 한국은 22%에서 20%로 낮추는 문제를 놓고 다퉜다. 임시투자세액공제를 비롯한 공제를 고려한 실효세율은 삼성전자, 현대차의 경우 11%라고 일본의 소니가 분석자료를 냈다고 한다. 이 승부를 지속하면 유리하겠는가.

"반대로 하는 게 수지 맞는다"는 알드레 코스톨라니의 격언은 음미할 만하다. 미국의 로스 페로나 빌 게이츠가 상속·증여세 인하를 반대하고 부자소득세 감세도 안 받겠다며 거꾸로 갔다. 국민연금 주주권 행사는 이건희 회장이 공개적으로 하면 좋다고 역공해 성공했다. 교묘한 역(逆) 포퓰리즘들이다. 국내 총수들이 "법인세 감세를 안 받을 테니 그 돈으로 서민을 도와 달라"고 한다면?

스웨덴 최대 재벌 발렌베리(Wallenberg)식 방식도 연구해볼 때가 됐다. 150년 역사에 계열사 14곳뿐이며 대개 세계 1~2등을 다툰다. 순대, 목장갑을 만드는 문어발 계열은 안 키운다.

"그래, 청문회에 한번 나가보겠다"는 배짱은 어떨까. 영원히 청문회를 외면할 수도 없으니 판단은 국민에게 맡기는 거다. 빌 게이츠, 스티브 잡스도 의회 증언대에 선 적이 있다.

국회 소장파는 지금 기업인더러 약탈행위니 탈취니 격한 표현을 쓰고 있다. 중소기업이 따라오지 못하게 사다리를 걷어찼다는 언어도 동원된다. 공부를 해서 알고 있는지 모르겠는데, 포퓰리즘의 특징은 그런 격한 표현을 쓰며 선동하는 데서 출발한다.

라틴아메리카에서 유독 포퓰리즘이 판쳤던 까닭은 빈부격차가 심한 데 기인한다. 이성과는 거리가 먼 고통의 외침이 먹혀든 탓이다. 역사상 포퓰리즘은 가장 성공하면 기껏해야 사회주의로 가서 그리스처럼 말라비틀어지는 것이었다. 포퓰리즘으론 궁극적으로 한국을 먹여 살리지 못한다. 미국 루이지애나 주지사 휴이 롱은 '모든 사람을 왕으로'를 모토로 대선에 나섰다가 1935년에 총 맞아 죽었다. 포퓰리즘이

민중독재로 흐를 위험을 간파한 미국은 포퓰리스트를 제거해왔으며 그 결과 150년간 세계 1등을 유지해냈다.

3세 경영에 대한 걱정들

　미국이 워런 버핏을 문제 삼는 것을 보면 인간의 한계 같은 게 느껴진다. 버핏이 누군가? 그처럼 멋지게 돈을 벌고도 인생 전체로 흠이 없었던 이가 또 있을까. 애덤 스미스가 살아 있다면 버핏이야말로 '도덕감정론'에 가장 가까이 다가섰다고 했을 것이다.

　그런 버핏마저 총기가 흐려졌지 않느냐는 의문제기는 그의 '고령'과도 무관치 않아 보인다. 그렇게 된 사연은 이렇다. 소콜(Sokol)을 펀드매니저로서 키워 왔으며 내심 후계자로 삼으려고 했다. 그런데 이자는 루브리졸(Lubrizol)이라는 화학회사의 주식 1,000만 달러어치를 자기 돈으로 먼저 사들인 후 나중에 버크셔해서웨이 돈으로 회사를 통째로 사들임으로써 눈 깜짝할 새 33억 원가량을 챙겼다.

　이 문제로 버핏은 핵심 직원이 정보를 악용해 치부했는데 왜 막지 못했느냐, 좀 감각이 무뎌지지 않았느냐는 비판이 제기된 것. 버핏은 "잘못했다"고 주주총회에서 솔직히 사과했다. 그러나 게임이 끝나지 않았다. 이번엔 나이를 물고 늘어진다. 자신은 물론 동업자 찰리 멍거 (만 87세)와 언제까지 둘이서 회사를 꾸려갈 건가를 묻는다.

전 세계의 GDP가 70조 달러로 시장이 커졌고 대기업 한 곳의 덩치가 웬만한 소국의 GDP를 능가하는 시대다. 삼성그룹 매출은 싱가포르 GDP보다 훨씬 크다. 이런 시대에 최고경영자의 결정이 천당과 지옥을 가른다.

누가 뭐래도 스티브 잡스는 초인적인 아이디어(iphone, ipad)로 시장을 상전벽해로 만들었다. 컴퓨터에 대해서는 거의 문외한이었던 그는 "이런 물건이 나오면 좋겠다"고 상상 속의 그림을 그려놓고 거꾸로 꿰맞춰 게임의 법칙을 변경시켰다.

잡스는 이동통신사업자를 갑(甲)에서 을(乙)로 바꿨으며 애플은 물건이 없어서 못 팔지만 왕년의 챔피언 노키아는 슬프게도 항서를 썼다. 굴지 전자업체들은 승자의 대열에서 탈락했다.

기업이 실패의 위험에 빠지지 않으려면 기업 지배구조, 다시 말해 사령탑이 건강해야 함은 두말할 필요도 없다. 탄력 있고 싱싱한 사고력과 추진력을 갖추지 못하고 어찌 잡스와 같은 영웅과 한판 붙겠는가.

금호나 한화그룹은 총수가 "조선업을 하자", "건설업을 하자"고 한 번 외친 것을 막지 못해 그룹이 날아갈 뻔 했거나 3,000억 원 이상 손해를 봤다. 어떤 총수는 투기금융상품에 엄청난 베팅을 하느라 본업에 정신을 놓을 정도였다.

바로 이런 문제로 근자에 한국 재계에 대한 세대교체와 3세 경영에 대한 걱정이 대두되고 있다. 이명박 전 대통령은 재임시 "2~3세 경영인들이 제대로 못한다"며 많은 걱정을 했다고 한다. 미국 유학파 3세들이 손쉽게 돈 벌려는 유혹에 빠져 걸핏 하면 증권사기에 걸려드는 것도 두통거리다.

한국도 워런 버핏과 마찬가지로 옥토제너리언(Octogenerian) 문제에 봉착한 기업들이 꽤 있다. 미국의 〈워싱턴포스트〉가 '80세 이상 파워 80인'에 대한 특별보도를 한 적이 있다. 80세부터 101세에 이르기까지 노익장을 과시하는 유명인사들에 대해 다룬 내용이다. 그 쟁쟁한 명단을 보면 버핏을 필두로 키신저, 볼커, 카터, 소로스 같은 별들이 떠 있다. 더 자세히 들여다보면 하나의 공통점이 있다. 기업 경영인은 없다는 사실이다.

중국 역사 2,100년간 정사에 등장하는 황제는 406명이다. 이 가운데 3대에 걸쳐 연속 성공한 경우는 청나라 강희, 옹정, 건륭제뿐이었다고 한다. 3대에 걸친 빛나는 성공은 그만큼 어려운 것이다. 거친 세상을 제대로 경험해보지 못한 3세 경영에 대한 걱정은 이래저래 크다. 그 걱정으로 인해 세대교체가 늦춰진다면 이 또한 경영의 고령화로 탄력을 떨어뜨린다.

세계 최고기업들과 겨뤄 승리를 이끌어낸 이건희 삼성 회장, 정몽구 현대·기아차 회장은 70대를 훌쩍 넘겼다. 그 후계들이 더 할 수 있을지에 대해 외국언론들은 자주 질문을 던지곤 한다. 아주 복잡하지만 확실하게 다가오는 이 문제에 대해 생각해볼 때다.

삼성에 좋으면 한국에 좋은가

정의(Justice)란 공평한가의 문제다. 공평이 무엇이냐면 자격 있는 자가 받느냐, 그리고 받은 자는 실력이 아닌 우연 때문에 얻는 부(富)가 있다면 상당 부분 사회로 되돌려야 한다는 것이다. 이것이 벤담의 공리론을 뛰어넘는 가장 칭송받는 존 롤스의 정의론이다. 최근 대기업, 중소기업 간에도 이러한 공평 문제가 크게 작용하고 있다.

청와대는 "부자 감세, 초저금리 유지, 고환율 정책이란 3대 특혜로 7%가 넘는 성장률 가운데 6% 이상을 대기업이 가져갔다"고 말한다. 자기 몫을 넘어서는 이익을 챙겼으면서도 사회로 되돌리는 데는 인색하다는 불만이다.

대기업들은 이러한 지적에 정치권의 분노마케팅이라고 억울해할지 모르겠다. 대기업 때리기를 단기 이벤트로 몰아가는 방식은 사실 성과가 잘 안 난다. 임기응변 심리가 더 크다.

이명박 정권은 4대강, 세종시보다 대기업·중소기업 관계 재설정이란 내부 인프라스트럭처에 치중했더라면 훨씬 성공적이었을 것이다. 한국의 양극화 심화는 지속가능이 어려운 모델이다. 한국의 대표 기업인들은 사고를 전환해야 한다.

삼성, 현대차, LG 등은 세계 초일류 입장에서 바라봐야 한다. 마이크로소프트, BMW, 소니, 도요타 등의 글로벌 스탠더드에 맞춰야 호흡이 길다. 해외 초일류 기업들이 30~40%짜리 고리대금업, 슈퍼마켓, 학원, 막걸리 장사를 하는 것 보았는가? 미국 스티브 잡스가 세무당국자에게 몰래 법인카드를 건넨 것을 상상이나 할 수 있겠는가.

재벌은 1997년, 2008년 두 차례 위기에서 완전히 떼돈을 벌었다. 그런데 이게 모두 실력 때문인가? 환율 효과가 너무 컸다. 환율 때문에 대다수 국민이 '루저'가 된 것은 팩트(Fact)다. 대기업은 '선택과 집중'을 하고 GDP 증가에 도움이 안 되는 분야에서는 이제 손을 뗄 차례다. 대신 한국이 하지 못하는 사업, 가령 우주항공, 델몬트 같은 식품업체, 제약, 병원산업 같은 좀 더 차원 높은 신천지를 개척해 청년들에게 희망찬 일자리를 제공해주면 좋겠다.

2011년 2분기 GDP 성장은 7.2%로 높지만 그 뒤에 숨어 있는 실직자의 한숨, 고환율로 큰돈을 번 대기업맨들의 함박웃음, SSM 때문에 망한 동네 구멍가게 주인의 자살소동에도 큰 기업 CEO는 세심한 관심을 쏟아야 한다.

베풂의 정신(Philanthropy)을 다시 볼 때다. '기부' 얘기가 나오면 한국 대기업들은 "수천억 원을 냈다. 할 만큼 했다"고 말한다. 어디에 다? 안 그래도 잘나가는 SKY대학에 빌딩 지어주고, 단체로 연말 성금내는 행사에 참여한 것은 '영수증용'에 불과하다. 사회를 바꿀 커다란 포부와 꿈이 비즈니스보다 더 중요하다는 빌 게이츠, 척 피니를 다시 보라.

여기 괴짜 기업인 두 명의 얘기가 있다.

첫째, 모 이브라힘(Mo Ibrahim)이다. 수단에서 이통업체(셀텔)로 돈을 번 이 사람은 '이브라힘 상'을 통해 아프리카의 후진문화를 송두리째 바꾸겠다는 꿈을 꾸는 중이다. 전직 아프리카 국가원수 가운데 수상자는 노벨상보다 다섯 배나 많은 500만 달러, 죽을 때까지 매년 20만 달러씩 받는다. 첫 번째 2007년 수상자는 모잠비크 전직 대통령 호아킴 치사노였다.(《박애자본주의》, 매튜 비숍)

두 번째 인물은 염소수염을 한 영국 버진항공사 리처드 브랜슨이다. 지미 카터, 투투 대주교, 유누스, 아웅산 수치 같은 전 세계 원로 12명으로 구성된 '원로회의'를 만들어 재미있는 일들을 실험 중이다.

자본주의 역사 100년이 가까워진 한국도 이런 모험가가 출현하여 상큼한 공기를 확 집어넣어 줬으면 한다. 존 F 케네디는 "밀물이 들어오면 모든 보트는 떠밀려 올라간다"며 경제번영을 정의했다. 성장의 혜택은 골고루 누리도록 최선을 다해야 한다. 미국에선 'GM에 좋으면 미국에도 좋은 것'이란 말이 50년 이상 회자돼 왔다. 지금, '삼성, 현대차에 좋으면 한국에도 좋은가'라는 물음이 제기된다면 우리는 자신 있게 답할 수 있겠는가.

한국, 운명의 2305년

"웬만한 사람 만나 그냥 결혼하세요."

헬스클럽에서 만난 30대 중반인 은행 차장 골드미스에게 필자의 아내가 그렇게 충고해 봤단다. "저라고 그런 생각 안 해봤겠어요? 그런데 그 '웬만'이란 게 쉬워야죠. 정말 어렵더군요." 여성의 쓸쓸한 답변이었다. 대졸 여성이 찾는 웬만한 상대가 대기업이나 은행을 다니는 평범한(?) 총각이라 해보자. 이들 숫자가 1년에 몇 명이나 나올까. 2만 5,000명? 그 정도일 게다. 그러니까 그 '웬만한 사람'은 이제 평범하지가 않다. 더욱 심각한 것은 한국은행이 아무리 모델을 돌려봐도 좋은 일자리(Descent job) 창출은 답이 안 나온다는 사실이다.

내가 만난 보건복지부 장관은 "저출산은 북한 핵보다 무섭다. 등에 활활 타는 불을 진 것 같다"고 말했다. 그는 대통령과 재정부 장관도 뛰라고 투정했다. 맞다. 혼자서는 못 푸는 방정식이니까.

통계청은 2050년까지 인구 추계를 보여주곤 한다. 현행 저출산 추세로 가면 그때 가선 4,400만 명으로 줄고 65세 이상 고령이 10명 중 4명으로 확 늘어 한반도는 주름투성이가 될 거라는 얘기다. 젊은이가 먹여 살려야 할 고령자 할당은 늘어난다.

그런데 그 이후는? 숫자가 불길해선지 통계청은 발표하지 않았다. 좀 가르쳐 달라고 간곡히 부탁해 재미있는 자료를 받았다. 2100년이 되면 1,000만 명, 2150년 290만 명, 2200년 80만 명, 2250년 20만 명, 2300년 6만 명, 그리고 운명의 2305년에는 0명. 일본은 2500년 10만 명에 2800년이면 소멸이다.

또한 장래에 미국은 라틴계 국가로, 유럽은 중동 사람들로 가득 차고 호주는 동남아 사람들이 안방 차지를 한다. 70년 후면 인구 1억 명 미만인 언어는 영어로 대체된다(유엔미래포럼).

한국 역사가 반만 년일진대 300년이면 그리 멀지 않은 장래다. 아니 100년 후 인구 1,000만 명도 안 된다면 그건 나라 축에도 못 든다. 그러니까 앞으로 100년 내에 모든 게 무너진다는 의미다. 부동산값도, 주가도, 큰 기업들도, 그리고 한글도 영(零)이라는 아마겟돈으로 빨려든다(동남아나 중국 사람들이 몰려와 영어를 쓰며 산다면 그건 별개 문제다. 그건 코리아가 아닐 터이다).

한나라당 정양석 의원은 〈저출산 대책, 국가가 아이를 키운다는 생각으로 수립해야〉라는 자료(2009년 10월13일)를 통해 유엔 미래보고서는 한국이 심각한 저출산으로 2100년에는 인구가 현재의 절반으로 줄고, 2200년에는 50만 명, 2300년 5만 명의 초미니 국가로 전락할 가능성이 있다고 전망했다. 게다가 2700년에는 한국인이 지구상에서 사라질 수도 있다는 비극적인 예상까지 덧붙였다.

현실적으로 애 한 명 낳아 번듯하게 대학 졸업시키는 데 억 단위 이상 드는 시대다. 온갖 고생 끝에 키워 놓은 자식이 직면한 현실은 무엇인가?

100명이 대학 졸업하면 직장을 구하는 비율이 41%고 나머지는 길이 막막하다. 결혼은 사치가 돼가고 있다. 나라에서 대학 보내주고 좋은 일자리 구할 수 있게 바꾸지 않고 몇 푼 던져주며 애 낳으라고 캠페인을 벌이는 것은 가면무도회다. 미국 동부 8개 유명 사립대학인 아이비리그(Ivy league)는 연간 부모 수입이 4만 5,000달러(약 5,500만 원) 이하면 학비 면제다.

박근혜 정부는 반값등록금을 내놓음으로써 취업 후 학자금을 갚는 시스템을 크게 보완했다. 아이비리그 식으로 연간 4조~5조 원을 장학금으로 내놓을 국민전체의 기부금 내놓기가 활성화 돼야 할 것이다.

《세대폭풍(Generation storm)》을 쓴 스콧 번스는 저출산도 문제지만 고령화에 따른 의료비, 연금 지출이 재정을 무너뜨릴 것으로 봤다. 2070년까지 미국 여성 수명이 102.1세로 늘어나리라고 한다. 그러면 늙은 자식이 더 늙은 부모를 봉양해야 하는데 돈이 없다. GDP 대비 고령화로 드는 비용이 현재는 10%도 안 되지만 장차 20~30%로 늘어날 것이다. 젊은 세대는 곧 70% 이상 늘어난 세금고지서를 받을 것이며, 그래도 부족한 재정은 돈을 찍어 뿌림으로써 경제가 붕괴할 것으로 예언했다.

비정규직과 장 칼라스

2009년 6월 1일 네다 솔탄이란 이름의 이란 소녀가 부정선거 항의 데모를 하다가 총탄에 맞아 숨진 장면에 세계가 분노했다. 그런데 그보다 23일 전에 프랑스 여객기가 대서양에 떨어져 220명이 숨진 사건에 대중은 비탄보다는 의혹의 시선으로 바라봤다. 한 사람의 죽음엔 탄식하면서 220명의 죽음엔 꿈쩍도 않는다니. 그 차이는 뭘까?

아주 예리하게도 250년도 전에 볼테르는 《관용론》 첫 머리에 이 경우와 딱 맞는 인간의 심리에 대해 해설해 놨다. 전쟁터에 나간 군인은 스스로 무장해 남을 죽일 수도 있고 본인이 맞아 죽을 수도 있다. 본인에게 스스로를 방어할 수단이 있기에 군인의 사망은 특별히 따질 것도 없다는 것이다.

그런데 아무런 방어수단도 없는 선량한 사람이 나쁜 의도를 지닌 패들에게 죽임을 당했다면 그것은 용서할 수 없다고 규정한다. 그가 '관용론'의 주인공 장 칼라스다. 이란 소녀 네다 솔탄은 칼라스처럼 억

울한 분노를 끌어냈다. 관용론의 줄거리 핵심을 극도로 축약해보기로
한다.

　68세 먹은 장 칼라스라는 노인에게 두 아들이 있었다. 큰아들이 앙
투안이고 둘째가 피에르인데 1762년 3월 9일 아들의 친구인 라베스
가 찾아와 아내와 함께 저녁식사를 했다. 식사 도중 앙투안이 아무
기척도 없이 자리를 뜬 다음 돌아오지 않았다. 칼라스의 식구들과 손
님 라베스가 식사를 마치고 2층 계단에서 내려오는데, 앙투안은 목
매어 죽어 있었다. 부모는 큰아들의 죽음에 절규했고 소란스런 울음
소리에 이웃들이 몰려들었다. 신교와 구교가 날카롭게 대립한 이 마
을에서 누군가가 "개종하려는 아들을 아버지가 목매달아 죽였다"고
선동했다.

　1년 이상을 끈 기나긴 사연 끝에 장 칼라스가 방문자와 식구들과 합
세해 아들을 목매달아 죽인 것으로 8대5로 판결이 나고 칼라스는 사
지를 찢어 죽이는 거열형으로 잔혹하게 죽는다. 볼테르가 실의에 찬
미망인더러 왕에게 재심을 호소하라고 해 전 유럽을 들끓게 만들다
마침내 3년 후 무죄를 받아낸다는 실화다.

　장 칼라스를 죽인 판사들은 네다를 죽인 이란 민병대나 다름없다.
오늘날 인간의 자유와 존중은 경제(돈)를 빼고 말할 수 없다. 2009년
6월 30일 국회는 상당히 많은 비정규직, 가족들에게서 그것을 앗아갔

다. 약간 비약하자면 6·30 국회는 한국판 장칼라스를 수천, 수만 명 양산한 날이다. 비정규직은 갈등의 희생양이다.

비정규직 중 80% 이상은 식당청소원, 심부름꾼, 단순노동자 등이다. 그들은 노조도 없고 대변자도 없다. 편들어주는 척하는 여당, 야당, 혹은 민노총, 한노총도 이미 퇴직통고를 받은 비정규직의 불행엔 가짜 천사였다. 직장을 잃은 숫자가 아직 2,000명도 안 되므로 문제가 안 된다는 얘기는 비정하다.

이 불행한 사태는 한국의 갈등 때문이다. '사람'은 눈에 안 보이고 주도권이란 권력파워에 눈이 먼 '판사 8명'의 탐욕 때문에 그렇게 된 것이다. 일단 물에 빠져 허우적거리는 비정규직 목숨부터 살려놓고 봤어야 옳았다. 한국의 갈등지수는 OECD 4위이고, GDP의 27%가량 손해를 보고 있다고 삼성경제연구소는 계산했다.

이런 식으로 한국이 선진국으로 갈 수 있는가? 혹자는 한국이 선진국으로 가느냐 못가느냐가 인구구조상 15년밖에 여유가 없다고 말한다. 역사적으로 갈등을 못 다루는 나라는 쇠했다. 쿠르드족 덫에 걸린 터키가 대표적인 사례다. 그러나 언어와 민족이 달라도 싱가포르, 룩셈부르크, 스위스 같은 나라들은 언어와 종족이 갈려 있어도 통합에 성공한 나라다.

정치인들은 관용과 통합의 정신을 배워나가고 정착시켜야 한다. 비정규직을 정치적 주도권 싸움의 담보물 쯤으로 봤다면 역사의 심판을 받아야 한다. 그 판단이 나중에 잘못된 것으로 판명되면 스스로 책임지기 바란다.

그날 자정 이후 299명의 국회의원들은 한국의 톨레랑스 수준, 의회 민주주의의 원칙을 실험대에 세웠던 날이다. 실험의 결과는 차차 밝혀질 것이며 책임질 사람을 가려내 정치판에서 영원히 퇴출시키는 일은 국민의 몫이다.

자본주의, 오쿤의 법칙

《위대한 개츠비》의 작가 F 스콧 피츠제럴드가 마크 트웨인이 남긴 명언 "인간이 80세로 태어나 18세를 향해 늙어간다면 인생은 무한히 행복하리라"에서 영감을 얻어 쓴 소설《시간은 거꾸로 간다》를 영화로 만드는 데 60년의 세월이 흘렀다. 세상의 한숨이 들리는지 영화 〈벤자민 버튼의 시간은 거꾸로 간다〉를 보며 자본주의의 시간은 역류를 시작했다.

"시장이 최고로 현명하니까 정부는 절대로 간섭하지 마!" 이것이 지난 30년간을 이끌어온 신고전주의의 명제였다. 즉 존윌리엄슨이 창안한 워싱턴 컨센서스였다. 하지만 그것은 틀렸다.

시장 만능을 선포한 레이건, 대처리즘이 잘못됐고 그리하여 100년 만의 위기를 전 지구적으로 만들어 내고 있다. 신고전주의(Neo classicism)는 탐욕, 헤지펀드, 초저금리, 눈을 감아버린 감독체계, 이해할 수 없는 파생상품, 고객을 속인 회계부정. 승자독식주의, 메이도

프류의 사기행각 등등의 얼룩을 남겼다.

그 이념의 숭배자들은 세계화, 오픈경제가 모든 나라에 이익을 주어왔고 특히 가난한 국가와 그 국민에게 가장 큰 이득을 주었다는 잘못된 찬가를 불러왔다. 그 반작용으로 디(De-)글로벌라이제이션, 디레버리지(Deleverage)의 기운이 금융위기의 해독제로 온 세계에 퍼져나가고 있다. De-라는 글자는 역(逆)의 표시다. 개방이 뒷걸음질 치면 보호주의가 된다.

대공황 때 스무트 홀리법으로 명명된 보호무역, 금융보호주의의 검은 구름은 세계화의 빛을 가리면서 걸핏하면 망령처럼 정책입안가의 머릿속을 배회한다. 그런데 보호주의란 게 사실 '일자리 빼앗기 게임'이다. 이웃을 가난하게 만드는 너 죽고 나 살기 게임이다. 그래서 각국이 G20합의를 슬금슬금 깨고 있는 것이다. 이제는 G20이 있는지 없는지도 모를 지경이 돼버렸다.

수출로 먹고사는 한국으로선 만약의 경우에 대비해야 한다. 자칫 보호주의의 오리알이 될지도 모르기 때문이다. 한국의 처지는 그나마 좀 나은 실정이며 그래서 잡세어링을 하고 세계가 추이를 주목한다.

아나톨 카레츠키의 '자본주의 4.0' 개념을 한국은 빨리 실험한 셈이다. 국가가 나서서 뭘 해주고 공짜로 분배하는 게 아니라 자본주의의 허점을 치유하자는 것이다. 지난 금융위기에 미국의 초거대 금융회사인 씨티와 AIG마저 망했다. 에디슨이 설립한 GE마저 존망이 위태롭고 도요타자동차는 75년 만에 최대 적자를 냈었다. 벌써 기억에서 지워졌겠지만 현대중공업 부회장과 사장이 연봉을 100% 삭감하기도 했다.

자본주의 원리에 대해 오쿤 예일대 교수는 핵심적인 질의·응답을 한다. 원래 상품이나 금융시장에서 제대로 된 가치평가와 탐욕에 의한 과신만 없으면 양대 시장은 안정적이라는 것이다. 그게 엇나가지 않게 감시하고 규제하여 '영리한 방임주의'를 작동케 하는 게 정부의 임무라고 지적한다. 정부가 현명하지 못하면 가짜 만병통치약(Snake oil)이 세상을 뒤집어 놓는데 지금 바로 그렇게 됐다는 것이다.

지난 수년간 한국을 뒤흔든 부동산 투기, 그리고 단기외채 급증 등은 오쿤의 분석을 빌리면 '정부가 영리하지 못했다'는 증거다. 국회에서 싸움을 벌였던 은행법, 비정규직 법안, 미디어법 등은 거꾸로 가는 시계였던가?

미네르바 현상에 대한 회고

리먼사태 직후 모두가 세상이 무너진다 할 때 아주 용기 있는 두 사람이 출현했다. 마틴 울프와 제임스 코너란 사람이다.

〈FT〉 칼럼니스트인 울프는 "역사적으로 주식가격이 아주 매력적인 국면에 와있다"고 썼는데 금융우기 폭락장세에서 그런 주장을 펼치는 건 대단한 모험이다. 그래프로 유명한 그는 토빈의 Q지수와 케이프(Cape)지수를 근거로 제시했다. Q지수는 주가가 순자산대비 얼마나 되느냐의 비율로 시장의 위치를 파악하는 기법인데 1990년대 후반 1.1쯤 되던 게 현재는 -0.5로 1985년 수준까지 후퇴해 있다는 것이다. PER값을 주기적으로 순환사이클상 조정한 케이프지수는 Q지수와 거의 평행하게 움직인다.

울프는 현재의 가격은 최근 20년 만에 처음으로 역사상평균치를 밑돌며 전쟁이나 대공황만 발생하지 않는다면 현재의 주가는 "바이(buy)"를 외쳐도 좋다고 주장한다. 그의 근거자료는 무려 108년간의 통계치에 근거한다.

코너라는 미국의 투자회사 전문가는 다른 각도에서 접근했다. PER 값을 역산한 산출액이 1950년 이후 최초로 국채수익율보다 높다는 점, 그리고 "FRB에 맞서지 마라"는 투자의 공리(Axiom) 등 2가지를 제시했다. FRB를 비롯해 전 세계 중앙은행이 나서 시장을 살리려 하는데 시장을 떠나는 것은 당국과 정면으로 맞서는 어리석은 행위라는 것이다.

답을 확인해주는 권능은 시간의 손에 있다.

이 무렵 국내에선 밤에만 날아다니는 올빼미 '미네르바'가 등장했다. 그가 띄운 몇 가지 글은 정부부처 장관의 말보다 훨씬 통쾌한 언어로 대중을 휘저었다. 이태리 언론은 그가 경제대통령 역할을 한다고 한국을 얕잡아 보았다. 그는 큰 내기를 걸었다. 연말 안으로 뉴욕다우지수는 5000, 중국 상해증시는 1000, 그리고 한국 코스피는 500선이 깨질 것이라고. 틀리면 대망신을 살 것이고 설사 맞춰도 우연일 뿐이다. 사실 그는 그런 걸 맞출 통찰력도 정보도 없다.

모두가 두려워하는 폭락의 공포에 그동안 잔챙이 몇 개는 맞췄지만 그런 것은 아무나 할 수 있다(실제 나중에 밝혀진바에 의하면 그는 고졸로서 체계적인 금융지식이 없었다). 그보다 중요한 것은 미네르바 신드롬이 나타난 2008년 한국의 정책결정 거버넌스에 무슨 문제가 있냐는 점이다. 무엇일까?

첫째, 제도권과 권위에 대한 불신감이다. 권력 엘리트를 믿고 따랐는데 국가를 위난에 빠뜨린 데 따른 원망이다. 더욱이 주요장관들의 잦은 실책에 반(反)제도권 세력이 더 힘을 얻었다.

둘째, 위급한 사태에서 구제해줄 초인(超人) 대망론이다. 1997년 외환위기 당시 경험했듯 어쩌면 한국인 전문가는 사태를 수습하기엔 무능하며, 따라서 미국 전문가의 주장에 기대려는 듯한 풍토다.

셋째, 인터넷 공간을 통한 카타르시스 풍조다. 제도권은 기명(記名)을 전제로 하며 반제도권 성향의 인터넷에선 익명의 보호막 하에 마음껏 제도권을 힐난한다.

반제도권 팽창기류, 익명성에의 안주, 월가의 논리를 생중계하듯 공급받지 않겠느냐는 초인론까지 3박자가 딱 들어맞았다. 그래서 미네르바에게 활동공간이 트였던 것이다.

이 같은 토양은 결코 한국 정도의 국력에 걸맞지 않고 좀 창피하다. 이를 고치자면 핵심 장관엔 반드시 프로(Professional)를 세우고 절대로 신뢰를 유지시켜야 한다. 큰 실수하는 경우는 역시 교체해버려야 한다. 그래야 미네르바 류에 틈을 안준다. 민간 분야에선 큰소리로 외치면 시장이 반응하는 한국의 울프 혹은 버핏이 출현할 만한 연륜도 됐다고 본다. 정론의 모험가들 말이다. 미네르바는 본인이 주장한 폭락세를 철썩 같이 믿고 그쪽으로 베팅했다가 틀릴 경우 책임져줄 각오가 돼 있을까? 턱도 없는 얘기다.

그는 푼돈도 제대로 안 가진 것으로 나중에 드러났다. 난리통에는 절대로 경거망동하지 말라. 미네르바 같은 부류에 속는 것은 보이스 피싱에 속는 거나 거의 같은 메커니즘이다.

미(美)와 권력

이소연 씨가 그 많은 남자들을 다 제치고 한국인으로서는 최초로 우주에 올라 예쁜 일을 많이 했다. 실험도 하고 김치와 라면 자랑도 하는 그녀의 얼굴은 정말로 환하게 빛났다. 여성의 외모에 대한 평가에 따르면 그녀는 플라톤(감성)이라기보단 칸트(이성)에 가까워 보인다.

그녀가 우주로 날아갈 당시 미국의 할리우드닷컴은 '가장 부유한 유명인' 명단을 발표했다. 1위는 작년 한 해 2억 6,000만 달러(약 2,500억 원)를 벌어들인 오프라 윈프리. 영화 아일랜드에 나오는 뛰어난 미모의 스칼릿 요한슨보다 수입이 좋았다.

얼마 전 영국 〈이코노미스트〉는 '미(美)와 성공(Beauty and success)'이란 칼럼에서 "가진 자에게 주어질 것이다"라는 내용을 내보냈다. 뭘 가진 자에게 뭘 준다고? 좋은 외모나 키 큰 사람, 즉 이미 여건을 갖춘 사람이 더 많이 벌게 된다는 뜻이다. 이제 그런 얘기는 신물 날 지경이 되니 《키의 권력》이니 《아름다움의 과학》이니 그럴싸한 이름을 붙여 책까지 만들어 팔아먹고 있다.

대니얼 하머매시 교수(텍사스대)는 추(醜)한 데 대한 핸디캡이 중국의 경우 남자는 -25%, 여자는 -31%에 달하고, 영국에서도 -18%(남자)와 -11%(여자)로 조사됐다는 연구결과를 내놓았다. 외모가 떨어지면 수입이 그만큼 줄어들더라는 얘기. 그래서 여자는 더 예뻐져야 하고, 남자는 외모도 좋고 키도 커야 한다고 외친다. 워낙 많은 학자가 샘플 수백, 수천 명을 동원해 내린 결론이니 필자로서도 뒤엎을 방법이 없다.

여성의 외모가 예뻐 보이려면 얼굴을 3등분하여 균형을 이루고 눈썹 사이의 간격과 눈의 좌우 폭, 그리고 코의 폭이 같아야 할 뿐만 아니라 얼굴 폭은 길이의 3분의 2여야 한다는 비트루비우스, 슈퍼미인의 조건으로 입과 턱 사이가 가깝고 턱이 가냘파서 전체적으로 아래쪽으로 모여야 한다는 데이비드 페렛, 허리와 히프 비율이 0.69~0.72 사이여야 한다는 주디 앤더슨 같은 이들이 그들이다. 펜실베이니아대의 조디 코바 교수는 "아름다운 사람이 더 지적(知的)인가?"라는 아리송한 명제를 제시하며 다음 네 가지 물음을 던졌다(《아름다움의 과학》).

1. 지적인 남자는 상대적으로 높은 지위를 차지한다.
2. 높은 지위를 가진 남자는 아름다운 아내를 얻는다.

3. 지성은 유전된다.

4. 아름다움은 유전된다.

그리고 결론을 내린다. 위의 명제는 모두 참(眞)이라고. 축약하여 직설적으로 표현하면 머리 좋은 남자는 성공하면 예쁜 아내를 얻고, 여성은 미모를 밑천 삼아 유능한 남자를 배필로 삼아 신분 상승을 한다는 아주 오랜 가설, 그 얘기다. 그게 참말이라고. 그리하여 잘사는 집 아이들은 점점 더 외모도 좋아지고 머리도 좋고 사회적으로 인정받으므로 성격조차 좋아 죄(罪) 지을 일도 별로 없다는 것이다.

그런데 말이다. 여성으로서 대통령까지 간 독일의 앙겔라 메르켈, 칠레의 미첼 바첼레트, 핀란드의 타르야 할로넨, 필리핀의 아로요, 미국의 힐러리 클린턴 같은 인물은 어떤가? 이들은 남보다 10%, 20% 더 예쁜 것 같지는 않은데…. 더욱이 이 여성들은 미의 상징인 치마를 안 입고 바지를 입는다. 여성의 출세는 미(美)에 달렸다고 했는데 도대체 어떻게 된 거야?

뛰어난 미모가 되레 핸디캡이 되는 복수적인 이론도 존재한단 말인가? 답은 예스(Yes)다. 컬럼비아대 비즈니스스쿨 매들린 헤일맨과 멜라니 스토팩이 답을 내놨다. 매우 예쁜 여성이 기업의 임원직에 오르려 할 경우 미모를 이용해 경력을 쌓았을 것이란 편견을 준다. 그러므로 상위 위치를 지원하는 데는 미모가 방해가 된다. 유리천장을 뚫고 정치적 톱(Top) 자리에 오르려는 여성은 능력을 의심당할 정도로 지나치게 섹시해서는 안 된다.

대기업 인사과장들은 여성들에게 겉모습을 남성적으로 꾸미라고 지속적으로 충고한다. 높은 직위로 올라갈수록 색과 형태를 잃어버리고 회색 수트 속에 몸을 숨겨야 하는 것이다. 이제 여성 대통령이나 칼리 피오리나 같은 여성 최고경영자(CEO)가 왜 바지를 입는지 답을 얻었을 것이다.

그리고 보니 우주캡슐을 쓴 소연 씨의 똘망한 눈빛, 결의에 찬 표정은 믿음직하다. 딱 제격이다. 섹시한 스칼렛 요한슨이 유리투구를 쓰고 있다면 어딘지 불안할 것 같다.

뛰어난 미모가 여성 자신을 괴롭히는 독소는 또 있다. 탁월한 미모의 여자는 평범한 여자들과 자신을 비교하지 않고 역시 뛰어난 여자와 비교하면서 뭔가 늘 부족하다고 여긴다. 그래서 실제보다 자신을 과소평가하며 괴로워한다. 설상가상으로 사람들은 특별한 미인은 마음씨도 특별할 거라고 기대감이 높다. 자칫 이기적이라거나 불륜을 저질렀다고 수군대고 양보를 안 하면 배신자라고 한다. 결국 사람들을 실망시키기 쉽다. 그러니까 양귀비 같은 경국지색(傾國之色)을 너무 배 아파하지 말 것!

PART 04

세계가 대한민국에 던지는 신호를 잡아라

프랑스를 닮지 마라

프랑스의 세계 최대 철강사 아르셀로미탈이 불경기 때문에 직원 600여 명을 자르는 구조조정을 시행하자 프랑스 정부는 "공장을 국유화시켜 버리겠다"고 협박했다. 이 철강회사의 주인인 미탈은 인도인이다. 플로랑지 소재 용광로 두 곳이 5억 달러가량 적자를 내고 문을 닫으면서 629명을 해고하자 난리를 치는 것이다. 몽테부르 산업장관은 "회사를 팔고 떠나라"며 민족주의를 자극했다. 그러자 영국언론들은 "프랑스가 유럽의 시한폭탄이 됐다"고 개탄했다.

프랑스 사람들은 자고로 자본주의에 대해 근본적인 적개심을 갖고 있다. 우리는 빅토르 위고의 〈레미제라블〉 영화를 보면서 그런 정서를 여러 차례 발견하게 된다. 노조는 너무나 강하고 규제는 최고로 세다. 그래선지 신설법인을 찾아보기 어렵다. 주식시장의 CAC-40종목은 1987년 탄생 이래 한 종목도 안 바뀌었다. 새로 크는 기업이 없기 때문이다.

2012년 대통령 선거에서 사르코지를 물리치고 올라온 사회당의 올랑드 정권은 부자 소득세를 75%나 올리기로 했다. 프랑스 최고 갑부는 벨기에 국적을 취득하는 소동을 벌이고 엄청난 재산을 그쪽으로 빼돌렸다. 새 정부는 은퇴연령을 62세에서 60세로 당겨 다시 놀자판 분위기를 조장하고 국민연금 부담도 확 늘렸다.

노동자들은 개혁의 '개'자만 들려도 길거리로 뛰쳐나온다. GDP 대비 정부지출은 57%로 세계 최고 수준이다. 30년 전 국가부채는 22%에 불과했으나 2013년 초 기준 90%가 넘는다.

프랑스에는 아직 한국이 꿈도 꿀 수 없는 보물이 많다. 세계 500대 안에 드는 기업들이 미탈 외에도 미쉐린, 까르푸, 로레알, BNP파리바, 소시에테 제네랄 은행, AXA, LVMH 같은 기업들이다. 그러나 이 기업들은 해외를 집시처럼 떠돌아 국내 고용에는 도움이 안 된다. 이익 규모는 날로 쪼그라드는 중이다. 하이테크·인터넷기업은 거의 존재하지 않는다. 프랑스의 제조업 비중은 GDP의 11%에 불과하다. 한국의 제조업 비중은 28%다.

규제와 강성노조, 부자에 대한 징벌적 과세 등이 기업가정신을 짓뭉개니 청년실업률은 25.8%까지 치솟고 총실업률도 11%에 육박한다. 프랑스에는 유독 종업원 49명짜리 회사가 많은데 그 이유는 50명이 되는 순간부터 최소한 34개의 새로운 규제들이 목을 죄어오기 때문이다.

프랑스의 임금수준은 1999년 유로화 체제가 출범하기 전에는 독일보다 낮았다. 지금은 20~30% 더 높다. 독일과 스웨덴은 경제가 헐떡거리자 임금동결, 복지축소 등 피나는 구조조정을 단행했다. 프랑스는 아무것도 안 했다. 그 결과 제조업 경쟁력이 없다. 최근 몇 년 사이에 수출시장 점유율 20%를 잃었다. 은행들은 기업에 달라붙어 피를 빨아먹는 기생충 같은 존재다. 공무원 숫자는 인구 1,000명당 90명으로 독일의 50명보다 두 배 가까이 많고 기업들은 강성 노동자를 고용하느니 자동화 설비에 투자한다. 그리하여 지하철에는 운전기사가 없다.

지금 유로존 국가들은 뼈아픈 긴축의 고통에 신음하는 중이다. 그럼에도 프랑스는 "노(No)!"다. 왜냐고? 프랑스인들이 어떤 분들인데. 세계 최고의 문화, 혁명적 사상의 본류, 문학, 음식과 관광…. 내가 세상의 왕이고 1등 국민, 1등 국가인데 누가 감히 나한테 변하라고 요구하는가? 이 '밥맛없는 오만'이 프랑스를 추락시켰다고 IMF는 지적했다.

프랑스가 한심한가? 한국의 신설법인이나 청년창업도 무척이나 쪼그라들었다. 이스라엘의 '후츠파' 열정에 비하면 캔두(Can do) 스피릿이 떨어진다. 프랑스 짝 나지 않게 정신 차릴 일이다.

발자크의 망령, 프랑스와 한국

프랑스 올랑드 정권이 탄생한 후(2012년) 가장 먼저 한 일은 100만 유로 이상 버는 개인에게 소득세를 75%로 올리겠다는 것이었다. 이른바 부유세다. 그런데 부부가 각각 90%씩 벌면 75%를 적용받지 않는다. 한가정이 180만 유로를 벌고도 세율을 낮게 적용 받고 가장 한 사람이 벌면 75%를 부과하는 불합리성 때문에 이 세법은 위헌판결을 받았다. 올랑드는 법을 다시 만들어 기어코 부자세를 걷겠다고 맹서했다.

그러던 중 프랑스는 물론 유럽의 제1부자인 베르나르 아르노가 벨기에 국적 취득을 신청했다가 들통났다. 진보 신문 〈리베라시옹〉은 "천박하고 공격적인 인물"로 아르노를 묘사했고, 그는 수 개월치 광고 물량을 취소해 버렸다. 이 신문은 아르노가 웃고 있는 사진을 대문짝 만하게 싣고 "뒈져버려, 졸부야(Sod off, you rich bastard)"라고 욕을 퍼부었다.

2013년 63세인 아르노는 루이 14세 때의 사치풍조를 상품화시켜 당대에 410억 달러(약 45조 원)를 벌어들여 유럽 최고, 세계 4대 부호가 된 인물이다. 그가 소유한 기업인 LVMH의 연간 매출액은 한국 돈으로 35조 원 정도로 포스코, 기아차에 약간 못 미치는 수준이다.

그는 1985년부터 크리스찬디올을 필두로 루이비통, 모에샹동, 헤네시, 셀린 같은 유명 브랜드 60여 개를 사들여 부를 키웠다. 브랜드를 인수할 때 걸핏하면 재판을 걸어 상대를 쓰러뜨리는 샤일록 같은 소송의 명수로 '양복을 입은 늑대'가 그의 별명이다. 시크(Chic)한 사치품을 세계에 판다면 흥겹고 폼 나는 신사여야 하거늘 어찌 얼음장처럼 찬 심장을 가졌단 말인가.

이런 용의주도한 인간이 그냥 재미로 벨기에 국적 신청을 했을 리 만무하고 두 번 결혼에 5명의 자녀를 둔 그가 상속세 덕을 보고자 일을 꾸몄으리라는 관측이다. 경제난을 배경으로 당선된 프랑수아 올랑드 대통령이 부자와 재능 있는 자에게 포퓰리즘 정책을 펴자 데이비드 캐머런 영국 총리는 "레드카펫을 깔아놓고 프랑스 부자를 기다린다"고 했고 벨기에는 "웰컴 미스터 아르노!"라며 약을 올렸다.

이 사건은 대단히 상징적이며 한국의 경제민주화나 재벌정책과도 심정적으로 닿아 있는 측면이 있다. 일찍이 《인간희극》 같은 작품으로 유명한 프랑스 대문호 오노레 드 발자크는 "커다란 재산 축적 너머엔 범죄가 있다"는 논리를 19세기 그의 소설 속에 펼쳤다. 프랑스 사람들의 가슴속에, 그리고 전 세계 못 가진 자들의 머리에 혼란한 씨앗을 뿌려 놓았다. '월가점령' 1주년을 맞아 1% 대 99%의 대결을 부추기는 자들의 마음속에도 말이다.

사실 세계 1, 2위 부호의 얼굴과 마음 씀씀이는 프랑스 짠돌이와는 전혀 딴판이다. 빌 게이츠와 워런 버핏은 아르노의 전 재산보다 많이 기부했다. 카네기와 록펠러 그리고 안철수는 발자크가 인간의 마음속에 심어놓은 증오를 역이용한 셈이다.

아르노의 소동은 우리에게 몇 가지 교훈을 준다. 하나는 발자크의 공리는 그 당시 미시시피 거품을 악용한 존 로(John Law) 같은 악행만을 본 것이다. 구글과 페이스북 창업자들은 인간의 창의성에 바탕을 둔 기술력으로 초거부가 됐을 뿐 하등 범죄와 무관하다. 현재 자본주의 모습은 발자크의 망령에서 졸업했다고 봐야 한다.

둘째, 프랑스처럼 포퓰리즘을 악용해 징벌적 정책을 쓰면 일류국가도 못쓰게 된다. "젊은이들이여 프랑스를 떠나라"고 하는 나라가 무슨 좋을 일이 있겠는가. 제조업 세계 최강은 독일이다.

김종갑 지멘스코리아 회장은 "한국이 움직이면 독일이 긴장한다"며 "두려움의 실체는 속도(Speed)"라고 말한다. 기 소르망의 평가가 아니라도 속도를 만들어내는 건 오너 체제의 장점이다. 김승연 한화 회장이 실형을 선고받았을 때 "법 위에 인간차별이 없어진 시대"라는 평가가 주류였다. 한국 사회에서 총수에 대한 공을 인정하면서도 그것을 깨버리고 싶다는 충동이 숨어 있다. 한국은 발자크의 망령을 쫓아낼 한국 자본주의 2기 모델을 만들어야 한다. 카네기 이후 100년 만에 빌 게이츠가 그 길을 가고 있다.

프랑스는 바야흐로 심각하다. 국민배우 제라드 드빠르디유가 뒤도 안 돌아보고 러시아로 망명했다. 부자세에 대한 저항인데 러시아 푸틴 대통령은 전세기까지 보내줬다. 사실 프랑스정도의 나라에서 연간 100만 유로, 즉 한국 돈으로 15억 원 이상 벌수 있는 인원은 몇 안 된다. 그 정도를 버는 사람은 자본주의의 승자다.

굳이 국내에 머물지 않아도 세계 어딜 가든 생존능력이 있고 사업으로 번성할 수 있다. 그런데 누구나 100을 벌어 25만 가져가라 하면 기분 나쁠 것이다. 그래서 어느 나라고 번 돈의 50%를 초과해 세금을 거두는 세목이 없다. 한국의 상속·증여세율이 50%이지만 여러 가지 공제를 해버리면 실질세율은 40% 되기도 어려울 것이다. 이 세율은 미국, 일본이 서로 베낀 듯 거의 같다.

스웨덴은 과거 상속세를 90%까지 매겼다가 가수 아바(ABBA), 테니스 선수 비욘 보리 등이 해외로 망명해 버리는 등 부자탈출이 이어지자 아예 상속세율을 0%로 폐지해 버렸다. 캐나다, 호주 등 여러 나라에선 현재 상속세가 없다. 그래서 한국에서도 '상속세 작업'을 하기 위해 따뜻한 호주로 이민 갔다가 5년쯤 후에 다시 본국으로 돌아오는 프로그램이 인기 있다는 말이 들린다. 은행 PB들이 그런 작업을 해준다는 것이다.

다시 프랑스 얘기로 돌아가 보자. 영화 〈레미제라블〉이 한국에서 대히트였는데 장발장의 무대는 프랑스대혁명 이후의 과정이다. 왕과 귀족, 사제등 특별한 인간에 대한 보통 인간의 저항이라는 혼을 가졌다는 자부심이 프랑스인들의 피에 흐르고 있다. 좌파와 우파, 민족주의 이런 정신들의 기원은 모두 1789년 프랑스 대혁명이다. 평등을 뼛속까지 좋아하는 프랑스인들은 자본주의에 대해 근본적인 적개심을 갖고 있다. 노조는 너무나 강하고 규제는 최고로 세다. 그래선지 신설법인을 찾아보기 어렵다.

프랑스에는 없는 것이 두 가지 있다. 하나는 위기의식이고 또 하나는 신설법인이다. 제 발이 저린 탓인지 프랑스인들의 80%는 '미래가 불안하다'는 비관론에 젖어 있다. 독일인의 5분의 4는 정반대로 미래를 밝게 본다. 프랑스는 아주 오래된 미래에 살고 있다.

부유세-굴스비의 역설

어렸을 적부터 무슨 생각을 하도록 교육 받았느냐에 따라 인간은 달라진다. 특히 유럽인과 미국인은 너무 다르다. 유럽인은 길거리 거지를 보면 정부가 잘못해서 저렇게 됐으니 도와야 한다며 가슴 아파하고, 미국인은 학교 다닐 때 공부를 하지 않아서 저 지경이 됐으니 제 인생 알아서 하라 그런다.

유럽인은 직장생활이란 품위 있게 놀고 인생을 즐기기 위한 수단일 뿐이므로 점심도 2~3시간 여유 있게, 휴가는 적어도 연간 30일쯤 돼야 직장이라 할 수 있고 나이 60세 이전에 일찍 은퇴하여 여생을 즐겨야 한다고 생각한다.

대학납부금은 국가에서 내주니까 학점을 못 따면 평생 학생이다. 독일엔 할아버지 대학생도 있다는 말을 들어봤을 것이다. 미국인은 치열하게 경쟁하여 목돈 들여 일류대를 졸업하고 회사에선 점심시간도 아까우니 햄버거를 옆에 놓고 일하고 내 사전에 은퇴란 없으며 큰

돈을 벌면 사회에 기부하면서 명성을 얻는 것을 트로피로 여긴다. 유럽인과 미국인은 그야말로 베짱이와 개미의 차이다. 이탈리아에서 평생 교수를 하다가 미국 하버드대에서 교수를 한 지 10년쯤 지난 후 양 대륙 간 차이를 묘사한 알베르토 알리시나의 《유럽의 미래》란 책을 보면 이런 내용들로 가득하다.

국가가 책임져야 하는 유럽은 개인소득세 50%는 보통일 정도로 통크게 내고 국가는 펑펑 써 댄다. 미국의 담세율은 17% 선이다. 이런 차이들이 쌓여 좋은 대학들은 미국에 있고 유럽은 지금 전체가 붕괴 지경인데 우리의 반값등록금 정책이 번지수를 제대로 찾은 것인지 걱정스럽다.

전 세계가 정부부채 문제를 해결하고 복지도 챙겨야 하니 부유세 신설문제로 뜨겁다. 심지어 미국에도 100만 달러 이상 고소득자는 5.6% 추가세를 내자고 오바마가 주창한 적이 있고 워런 버핏은 부호들의 배당세에도 17.4%의 세율을 적용하지 말고 그냥 소득세 최고세율 39.6%를 적용해달라는 '버핏세' 도입에 불을 지폈다. 미국의 부호 클럽 120여 명은 세금을 더 내겠다고 의회를 찾아와 회견을 했다. 한국에선 볼 수 없는 퍽 감동적인 장면이다.

그런데 조세체계란 사회의 틀을 규정하는 그릇이다. 사회적 합의, 혹은 예정된 규칙도 없이 부화뇌동해선 안 된다. 영국, 프랑스, 스페인, 미국 등에서는 100%가 넘는 정부 부채를 갚기 위해 부유세 아이디어가 나왔다. 개미같이 살아온 한국의 부채비율은 38% 수준(2012년)으로 베짱이 나라들과 수준 차가 크다.

오스틴 굴스비(Austan Goolsbee) 시카고대 교수는 부자 과세에 대해 권위 있는 연구를 했다. 부자들 소득에 부유세를 높게 때리면 그들은 소득원을 자산으로 얼른 바꿔 버린다. 가령 채권이나 렌트를 많이 받아 소득세 폭탄이 떨어지면 그것들을 팔아버리고 땅이나 건물, 금 같은 걸로 대체한다. 세율이 낮은 외국으로 재산을 갖고 튀어버리는 경우도 많다. 그러므로 소득에만 부유세를 과세하겠다는 발상은 어리석다.

굴스비는 총자산 합계에다 일정하게 과세하는 게 더 공정한 부유세일 텐데 그보다 '감면' 특혜를 없애는 게 좋은 착상이라고 충고한다. 나는 한국의 경우는 GDP의 30%나 되는 지하경제 탈세를 막는 게 부유세 부과보다 효과가 좋다고 본다. 요즘 말하는 소득구간 신설로 40%를 적용하면 1조 3,000억 원쯤 더 거둔다는데, 지하경제를 틀어막으면 10조 원은 거둘 수 있다.

조세정의 차원에서 15년 전 8,000만원으로 정한 최고 소득은 당시엔 그 돈으로 아이 학교 보내고 집 장만하고 하는데 충분했지만 지금은 1억 6,000만 원 내지 2억 원으로 올려야 그런 여유가 생길 것이다. 미국은 8,800만 원 정도의 소득에 세금 8%를 매기는데 한국은 35%를 적용하니 중산층 씨를 말리는 짓이다.

많이 버는 사람에게 높은 세금을 물리자는 로빈후드 같은 발상은 항상 성공하지 못한다. 로빈후드나 임꺽정, 홍길동이 나라를 경영했다는 말을 들어본 적이 있는가. 도적떼를 미화한 것뿐이다. 세제 문제로 씨름하는 선량들은 최종 단안을 내리기 전 오스틴 굴스비의 역설을 검증하기 바란다.

노르딕, 천국의 비밀

하와이에 여행가면 가장 먼저 듣는 말이 "신이 세상을 창조하다 보니 천국을 만든다는 걸 깜빡하여 마지막에 만들어 놓은 게 바로 하와이"라는 말이다. 실제로 행복지수, 부(Wealth), 인간평등성, 교육환경, 사회적 부드러움 등 이런 요소들을 다 감안하여 점수가 가장 높은 나라를 찾아보았더니 스웨덴, 덴마크, 핀란드, 노르웨이가 1~4위를 차지했다(〈이코노미스트〉).

이들이 지구상의 진정한 천국이다. 인구수는 덴마크 560만 명, 핀란드 540만 명, 노르웨이 500만 명, 스웨덴 950만 명 등 4개국을 합쳐 2,600만 명으로 한국의 절반밖에 안 된다. 1인당 소득은 노르웨이가 약 10만 달러, 나머지 3개국은 6만 달러 내외다. 또한 이들 국가의 신용등급은 모두 AAA이다.

이들 나라는 뭘 잘할까. 사실 1980년대에 스웨덴을 비롯해 거의 20

여 년간 추락의 시간을 겪었다. 세금은 100%를 넘는 경우도 있었고 부자들은 해외로 떠났으며 정부부채가 90%에 달하기도 했다. 좌우파가 극렬히 대립한 적도 있다.

한 번 망해본 후 1990년대에 정신을 차렸다. 세금을 확 내렸는데 스웨덴의 경우 법인세가 22%로 한국과 같고 상속·증여세는 폐지했다. 스웨덴 국회의원들은 모두 자전거를 타고 출퇴근 하지 고급승용차를 탈 엄두도 못 낸다. 이젠 좌파, 우파도 없고 오직 실용주의만 있다. 그들은 좌도 우도 아닌 중도의 길(Middle way)이라 부른다. 스웨덴의 재정수지는 0.5% 흑자로 남유럽의 이태리, 그리스, 스페인 등과는 종류가 다른 국가다.

과거의 노르딕 모델은 한국처럼 대기업을 중심으로 돈을 크게 벌어 나머지를 먹여 살린다는 국가운영개념이었다. 볼보, 사브, 스카니아, 에릭슨(이상 스웨덴), 노키아(핀란드) 같은 기업들이었다. 그런데 글로벌화가 깊숙이 진행되면서 이들 기업은 국제경쟁에서 승자가 되지 못했다. 노키아, 에릭슨은 삼성전자, LG전자에 패했고 볼보는 현대차에 패배했다.

여기서 위기가 왔는데 한국으로선 상상하기 어려운 방식으로 극복했다. 볼보, 에릭슨 같은 국가의 기둥이 되는 기업들이 중국, 일본에 팔려나가도 눈 하나 깜짝 하지 않고 중소기업을 키웠다. 강철, 제약, 조선, 장난감, 가구 등… 이런 틈새산업에서 세계최강이 되었다.

핀란드는 노키아에 대한 의존도가 한국의 삼성전자보다 높은 GDP

의 4%나 되고 한때 주식시장에서 시가의 60%를 차지한 적도 있었으나 노키아의 쇠퇴를 좋은 교훈으로 삼았다. 앵그리버드 게임을 만든 '로비오 엔터테인먼트' 같은 벤처업체를 300여 개 만들어냈다. 지금은 "노키아의 몰락이 핀란드의 축복"이라고 자신 있게 말한다.

노르딕이 잘한 또 하나는 정치권이 포퓰리즘을 마다하고 국가부채를 40% 이하로 줄여놓은 것이다. 노르딕 국가들은 GDP대비 정부지출 비중이 30% 이상으로 여전히 높다. 이 정도면 조세부담률도 한국보다 높을 수밖에 없다. 여전히 뛰어나지 않은 부분이 있는 것이다. 그러나 한국 국회 같으면 못했을 일이 바로 국가부채 축소다. 경쟁력과 복지 두 마리 토끼를 잡는 데 성공한 것이다.

여성인구의 경제참여율은 덴마크의 경우 72%로 남성 79%와 큰 차이가 없다. 한국의 노동참여율은 59% 수준이고 박근혜 정부는 70% 달성을 목표로 하는데 노르딕은 훨씬 높은 단계에서 살고 있다. 그래서 소득이 높고 국민 불만이 적고 특히 낯선 사람에 대한 믿음(신뢰)이 지구상에서 가장 높은 것이다.

노르딕 출신 미국교포사회의 경우도 다른 민족에 비해 타인신뢰도가 10%포인트 이상 높다고 한다. 그러니 살인사건이니 폭력, 마약 그런 게 상대적으로 적다(노르웨이의 브레이빅 총기사건은 백인우월주의의 극단으로 사회분위기와 별개다).

노르딕은 지난 20년간 뛰어나게 잘해 왔으나 인간사가 그렇듯이 약점도 있다. 핀란드 같은 나라는 벤처창업에 성공했으나 스웨덴의 경우 평등과 상향이동 모빌리티가 얼마 안 되는 대기업에 너무 의존한다. 새로운 혁신 대기업이 별로 안 나타난다. "똑같은 소에서 짠 우유를 언제까지 마시고 살수는 없다"는 자조가 나온다.

또한 인정에 약한지 노키아의 후임사장이 회사는 가라앉는데 4년째 자리를 지키고, 주가가 90%나 폭락한 기업 CEO가 자리를 지키는 경우가 많다. 큰 정부의 모습은 아무래도 비효율적이기 마련이다. 노르웨이는 북해유전과 지하자원 로또가 터져 자칫 게으름에 빠지기 십상인데, 근로자의 6%는 항상 병가 중이고 9% 이상은 장애연금에 매달려 살아나간다.

노르딕의 앞날이 계속 천국의 모습일지 주목된다. 노르딕이 훌륭한 이유는 인간에 대한 신뢰가 으뜸이라는 점이다. 미국처럼 소송이 남발하고, 이태리처럼 무슨 거래든 뒷흥정이 판치면 사회는 거래비용이 높아지고 불신으로 범죄도 늘어난다.

그리스 사태 제대로 이해하기

그리스 사태의 연속극은 도대체 언제가 끝인가. 그리스는 완전히 망해버렸는가 아니면 소생의 길을 찾을 것인가. 왜 유로존은 그렇게 문제가 되는 것인가. 유로라는 단일 화폐를 도입했을 때 17개국은 미국연방을 닮고 싶어 했다. 그러자면 회원국들의 실력이 같든지, 17개국이 하나의 정치연합체로, 공동운명체로 묶였어야 했다.

그리스는 가장 실력이 처졌다. 유로존 초기엔 갑자기 돈 가치가 올라가 부자가 된 줄 착각하고 흥청망청 써댔다. 남의 돈을 공짜라고 생각하다니, 간덩이가 부었다. 마치 탈북자들이 남한으로 내려와 신용카드를 발급해주면 나중에 갚을 능력은 생각지 않고 우선 펑펑 쓰는 상황과 비슷하다고 보면 된다.

그리스는 그런 식으로 전 국민이 베짱이처럼 즐기기만 하면서 외국에서 돈을 꿔대 국가부채가 2008년 100%도 안 되던 것이 2011년 161%에 이르렀다. 그동안 헤어컷(Hair cut, 원리금 탕감)을 53%나 해졌음에도 빚에 치었다. 아직도 부채 총계가 3,500억 유로나 되니 이젠 돈 꿔주는 외국 은행들도 돈 갚을 상환계획을 내보라고 하며, 그게 안 맞으면 조건을 내세워 이걸 지켜야 돈을 꿔주겠다고 짜게 나가고 있다. 정부 지출을 줄일 것, 공무원을 줄일 것, 근로자 월급을 20% 깎을 것, 세금을 올릴 것 등등 견딜 수 없는 고통을 가한다.

경찰이 퇴근하여 사복으로 갈아입은 후 아테네 시내에서 근무 중인 다른 경찰에 돌멩이를 내던지며 격렬한 데모를 하는 나라꼴이 되고 말았다. 원래 그리스 화폐를 따로 썼다면 환율이 2~3배로 올라 모든 국민의 자산, 임금, 기업가치가 무차별 폭락해버려 누군 좋고 나쁘고가 없다. 이른바 부채의 화폐화(化)다. 그런데 단일 유로화폐를 쓰니 돈 가치를 못 깎고 정부가 누구누구를 찍어 '수입을 줄여라', '해고하라' 등 희생자를 지명해야 하니 아테네가 폭력천지로 바뀌는 것이다.

그리스가 고통을 견디지 못해 유로존을 떠난다고 하자. 정부는 그리스 화폐를 찍어 유로화로 바꿔가라고 한다. 그리스 화폐가 옛날의 드라크마(Drachma)이든 아니든 순식간에 50%쯤은 돈 가치가 폭락한다.

금융가에선 "(그리스) 다음 차례가 누구냐"며 패닉에 빠진다. 스페인, 포르투갈, 이탈리아 국채가 폭락하고 신용경색으로 호흡이 가빠진다. 세계 증시에는 리먼 사태를 능가하는 대폭락이 온다.

그리스 기업은 해외에서 외화를 빌릴 능력이 없다. 기업들은 줄도

산한다. 그러면 실업률은 현재 22%(청년 실업률 53%)에서 더 아비규환식으로 폭증한다. 뱅크런이 일어나 은행에도 돈이 씨가 마를 것이다. 그리스 정부가 외화를 못 빌리면 석유, 식량도 떨어진다. 고통을 못 견디면 이웃 나라로 대탈출할 것이다. 유럽국가간 국경을 어디든지 통과하도록 허용한 '셍겐조약'을 손보자는 말이 나온다. IMF, ECB 등이 자비를 베풀어 혼란을 막을 것이다. 이 죽음의 행렬이 몇 달이 걸릴지 1년이 걸릴지 알 수 없다. 대재난 이후 그리스의 죽은 경쟁력이 다시 소생하고 생명력도 부활한다. 이것이 그렉시트(Grexit)의 시나리오다.

죽음의 고통을 견뎌내면 고통의 단말마가 끝나는 줄은 알지만 너무나 무서워 수술대에 올리겠다는 정치세력도 없다. 시리자당의 치프라스도 "긴축정책에 반대하지만 그렇다고 유로존을 떠나지도 않겠다"고 말한다. 현실의 고통은 모조리 'No!'라는 거다. G8 정상들은 그리스만 불타오르는 게 아니라 스페인 등에 전염될까 봐 기절초풍해 "그리스는 유로존에 남아라"고 하는데 오즈의 마법사 같은 소리다.

금융공학자들이 분석하듯 유로존은 지속할 수 없는, 차로 말하면 달릴 수 없는 기계다. 그리스 근로자가 임금을 낮추는 만큼 독일 근로자가 올리지 않으면 작동하지 않는 장치다.
군이 해결책을 대자면 미국연방처럼 하면 된다. 유로존 회원국 전체가 나라살림, 정치인을 합쳐 초국가를 운영하는 것이다. 잘사는 독일이 못사는 남부유럽을 제 국민으로 여겨 완전 양보하는 것이다. 유로본드를 발행하자는 말이 바로 그 소리다.

독일을 위시한 북유럽 국민들은 개미처럼 근면·성실하다. 북유럽인들은 남유럽 라틴계를 '고생이 싫은 베짱이'로 바라본다. 지금 그리스의 고장을 고쳐줘 봐야 5년, 10년이 경과하면 똑같이 고장난다. 베짱이는 개미가 아니기 때문이다. 그리스는 유로존을 떠나지 않으면 천천히 죽고, 떠나면 짧게 죽었다가 부활할 것이다.

스페인이 망가진 경로

스페인은 한국이 소득 3만~4만 달러 선진국으로 도약하려면 거쳐야 할 정거장이다. 인구는 4,600만 명으로 남한보다 적지만 1인당 GDP는 약 3만 달러, 경제 규모는 세계 9위로 한국보다 6계단 앞선 나라다.

스페인의 1인당 국민소득은 2007년 이탈리아를 제쳤고 곧 프랑스, 독일을 이겨 다시 유럽을 제패할 것이란 꿈에 부풀었다. 이듬해 금융위기는 모든 걸 물거품으로 만들었다. 현재는 국가부도를 걱정해야 할 처지다. 청년실업률이 53%, 나라 전체로는 25%에 달한다. 마드리드 태양광장은 성난 청년 수십만 명이 촛불시위로 점령했다.

그 잘나가던 스페인이 왜?

한국이 정쟁(政爭) 때문에 자칫 스페인 짝이 나지 않나 싶어 여러 채널을 통해 자료를 구해본즉 몇 가지는 스페인과 놀랍게도 닮은꼴이었다. 스페인은 4가지 실수로 넘어졌다. ①부동산 투기와 저축은행 부실, ②엉터리 지방정책, ③고임금과 제조업 부실화, ④정부나 가계가 빚으로 흥청망청 쓴 것 등이다.

첫째, 부동산 투기붐(2006년) 이후 저축은행들의 융자 규모가 1조 달러에 달해 시중은행보다 많은 돈을 고금리 저축은행에서 갖다 썼다. 45개 저축은행 중 28곳이 망했으나 끝이 보이지 않는다.

둘째, 스페인은 지방정부가 연립해 중앙정부를 구성하는 미국식에 가까워 지방의 돈 잔치에 중앙이 제동을 못 거는 나라다. 1978년 헌법을 개정해 의료·교육 기능을 지방에 넘겼다. 그 결과 재정지출의 49.6%가 지방에 배정되고 중앙은 21%를 쓴다. "긴축 좀 하라"며 지방정부에 당부해도 통하지 않는다. 소득이 높은 카탈루냐 지방정부는 2014년 국민투표를 실시해 분리독립을 한다고 공공연히 선언할 정도다.

셋째, 금융위기가 닥치자 사파테로 총리는 연금법을 바꿔 마구 퍼줬다. 2010년도 실업수당은 306억 유로, 금융위기 전 128억 유로에 비하면 포퓰리즘을 그려놓은 듯하다.

넷째, 국가·가계부채 비율이 한국보다 각각 50~100%포인트 높다.

이런 부적절한 정책들, 그리고 나쁜 리더십은 큰 나라를 10년 만에 넘어뜨렸다. 저축은행 부실과 지방에 돈 퍼붓기, 비정규직 급증 추세는 한국이 어찌 그리 닮아 가는지 모르겠다. 스페인 기업 중 브랜드가 세계에 알려진 곳은 '자라(Zara, 세계 50위)'뿐인데 중저가 의류로 돈 벌이는 별로다. 삼성전자, 현대차 같은 제조업체는 없다. 한국 제조업의 GDP 비중은 27.5%, 스페인은 14.3%로 약 반 토막이다. 설상가상 유로존에 들어가면서 통화가치가 상승해 1995년 이후 실질임금이 35% 이상 상승, 유럽 1위였다. 외국인 직접투자(FDI)가 마이너스이고 GDP 성장은 2년 연속 제자리다. 스페인의 효자산업은 관광업(세계 2위)과 건설업 같은 것인데 붐이 꺼지면 손님이 없다.

그리스, 스페인은 비탄의 끝이 보이질 않는다.

중국과 일본-투키디데스 함정

세상에서 가장 혼란스러운 일은 원래 자기보다 못했던 자가 힘을 길러(혹은 부자가 돼서) 어느 날 자신을 추월해 가려는 것을 보는 일이다. 지금 중국과 일본 사이에서 센카쿠 열도를 놓고 벌어지는 일이 바로 그렇다. 중국으로선 최대경제 대국으로 곧 부상할 것이고, 인공위성을 달에 보낼 처지가 된 마당에 일찍이 자신을 굴복시켰던 규칙을 전혀 따르고 싶지 않다. 미국도 1800년대 후반에서 1900년대 초반으로 넘어오면서 영국을 제치고 세계 제1위 대국으로 떠오를 때 서방 국가들의 속을 온통 뒤집어 놨다.

역사가들은 이를 '투키디데스 함정(Tuchididdes trap)'이라 부른다. BC5세기 역사가 투키디데스가 전개한 얘기는 이렇다. 당시 스파르타는 객관적으로 아테네보다 강했다. 그런데 돈과 사람이 아테네로 몰려들어 날로 번성해졌다. 펠로포네소스 반도의 맹주였던 스파르타는 두려움을 느꼈고, 마침내 전쟁을 일으켜 두 나라는 30년 동안 전화에 휘말렸다. 결과는 두 나라 모두의 패망이었다. 19세기 말 독일도 그런 운명을 비켜가지 못했다.

21세기 들어 중국은 세계무대의 디바(Diva)로 급부상 중이다. 권력의 파워 면에서 어떤 국가도 그렇게 신속하게 솟구쳐 오르지 못했다. GDP가 스페인보다 작던 중국은 한 세대 만에 순식간에 세계 2위로 뛰어올랐다. 역사에 근거해 베팅한다면 투키디데스 함정에 빠질게 명확하다. 1500년 이후 융성국이 챔피언국가에 도전하고 일어난 경우 15건의 사례에서 11건이 전쟁발발로 이어지고 말았다. 독일이 통일한(1870년) 이후 영국을 추월한 경우를 생각해보자.

1914년 1939년 독일의 도발과 영국의 대응은 곧 전쟁이었다. 중국의 굴기로 인해 발언권이 세지고 국제관계에서 힘의 이동을 보여줄 때 마찬가지로 미국은 속이 불편하다. 미국은 서반구에서 1890년경 1위로 부상했다. 그때 어떻게 행동했는가. 미래 대통령 데오도르 루스벨트는 다음 100년간은 미국의 시대라고 단언했다. 제1차 세계대전 전에 미국은 쿠바를 해방하고 베네수엘라와 캐나다, 미국의 분쟁에서 영국, 독일이 미국편을 들지 않으면 재미없다고 으박질렀다. 콜롬비아에서 파나마가 떨어져 나오게 폭도들을 지원하여 마침내 파나마운하 개발권을 따냈다.

영국이 지원하는 멕시코 정부를 전복하려 시도했고 그 후 반세기 동안 미국 군사력은 30개 이상의 사건에 개입해 지도자를 축출하거나 경제적 이해관계를 챙기거나 미국과 우호관계를 맺도록 강요했다.

중국, 미국, 일본의 정치가들이 역사속의 그리스나 20세기 초 유럽 선배들보다 잘하지 않는다면 21세기에도 역사가들은 투키디데스를 인용해야 할지 모른다.

센카쿠 열도를 둘러싼 중국과 일본의 격돌은 자칫 1914년 제1차 세계대전의 촉발극을 연상케 한다는 얘기들이 흘러나온다. 두 나라는 섬을 싸고 쉐도우복싱을 무섭게 진행한다. 미국은 도쿄, 베이징에 서둘러 고위급 특사를 보내 중국이 섬을 공격하면 미국이 일본을 방위하도록한 안전조약을 격발하는 게 된다는 점을 분명히 주지시킨다.

사실 제1차 세계대전은 아주 사소한 데서 방아쇠가 당겨졌다. 미국은 이런 위험을 잘 알고 있다. 특사단에 포함됐던 하버드대 조셉 나이 교수는 "우리끼리 1914년과 비유를 해봤다. 우리 누구도 전쟁을 원치 않으나 우린 중일 양측에 미스커뮤니케이션과 사고가능성에 대해 우려를 표했다. 억제란 이성적 행동국가 간에 작동하는 법인데 1914년도에 주요 당사국들 역시 정신이 멀쩡한 이성국들이었다"라고 말했다.

나이 교수의 동료인 그레이엄 앨리슨 교수는 쿠바 미사일 위기를 파헤친 전문가인데, 그 역시 중일 간 오판의 위험을 말했다. "1914년의 메커니즘은 매우 교훈적이다. 누가 세르비아 청년이 들어본 적도 없는 대공을 총으로 쏴 죽일 줄 알았으며 그게 참가국 모두를 파멸로

이끈 대전의 신호탄이 될 줄 상상이나 했는가?"

중국은 미국의 군사력에 언감생심 대항할 뜻이 없다. 그런데 중국, 일본의 달궈진 민족주의는 딴판이다. 열 받으면 명령체계가 안 듣는 다. 2010년 9월 중국 어선이 일본 해양순시선을 들이 받았을 때, 나중 에 어선선장이 술에 취한 사실이 발견됐다.

일본의 아베 내각은 강성 민족주의자들로 가득 차 있다. 아베 신조 는 전시내각의 손자다. 아베는 속죄를 말해야 하는 사과 외교 같은 건 모르겠다는 투다. 미국이 일본방위에 연계된 게 일본의 모험주의를 부추길까 걱정이다. 돌이켜보면 1914년 독일은 더 강력한 포위망이 구축되기 전에 전쟁을 서두르는 게 좋겠다는 결론을 내렸다고 한다. 마찬가지로 일본 내에서도 중일 간 격차가 너무 벌어지지 않고 미국 이 태평양에서 강력한 군사파워를 자랑할 때 전쟁을 해치웠으면 좋다 는 논리가 싹틀 수 있다.

일본뿐 아니라 중국 내부에서도 그런 조짐이 일까 걱정이다. 100년 전 독일처럼 더 강력한 중국포위망이 구축되기 전에 해치우자는 유혹 이 있을 수 있다. 등소평은 화평굴기를 채택했다. 후손 세대는 보다 공 세적이고 자신감에 차 있다. 외교정책에도 군대 입김이 더 들어가는 추세다. 비스마르크가 당시 아래로부터 정치·군사적 압력을 받아 민 족주의에 길을 내준 것처럼 현재의 중국도 민주주의 압력에 쫓겨 그 런 길을 가버릴 수 있다. 중국지도부는 오랜 세월에 걸쳐 대국굴기 연구를 통해 독일, 일본의 실패전철을 피하려 한다.

핵 시대에는 1914년 같은 일은 벌어지지 않을 것이다. 진짜 위기가 오면 미국-일본 안보조약도 빠져나갈 구멍을 만들 것이다. 조항5조는 동맹국이 공격을 받으면 미국이 군사적 방어의무를 지는 걸로 돼 있다. 그것은 일본에 대한 공격이 두 나라를 동시에 위험에 빠뜨릴 경우 행동에 옮기는 것으로 돼 있을 뿐이다. 1914년엔 모든 당사국들이 전쟁화마에 빨려 들어가 다른 나라를 도울 겨를도 없었다.

한 세기 전보다 문명의 시대에 미국, 일본, 중국이 투키디데스 함정에 빠지지 않을 지혜를 찾을 것이다.

중국이 세계를 지배하는 날

영국 〈이코노미스트〉는 2010년 최종호에서 흥미로운 두 가지 의제, 즉 '중국의 GDP가 언제 미국을 추월할 것인가'와 '영어라는 언어는 영원히 세계 공용어(Lingua franca)의 지위를 누릴 것인지'를 다뤘다. 미국이 중국에 밀릴지 모른다는 초조감 때문에 그런 내용을 다뤘을까.

첫 번째 문제의 답은 골드만삭스가 2041년에서 2027년으로 당긴 것보다 더 앞당긴 2019년으로 산출해냈다. 계산방식은 실질구매력(ppp)이 아닌 달러베이스다. 중국은 향후 10년간 평균 7.75% 실질성장하고 미국은 2.5% 성장하는 것을 상정해 양국 물가상승률을 차감한 위안화 평가 절상은 연평균 3%… 이렇게 계산하면 향후 10년도 안된 사이 세계 1위가 된다는 것이다. 중국 성장률을 5%로 더 낮게 잡아봤자 2022년이면 역전의 시기가 도래한다.

두 번째 문제의 답은 '영어의 위력은 지금이 최전성기이며 곧 시든다'고 봤다. 그 이유는 태어날 때부터 영어를 쓰는 핵심 백인계층 인구가 3억 명에서 정체상태이며, 컴퓨터의 발달로 통역기술이 크게 향상돼 영어 학습 고생을 하지 않아도 되리라는 것이다.

니얼 퍼거슨 하버드대 교수가 극찬한《중국이 세계를 지배하면》(마틴 자크)을 보면 중국이 일등하는 세상의 변화를 비쳐준다. 우선 세계의 수도가 뉴욕에서 베이징으로 바뀐다. 조지 워싱턴보다 진시황을 더 쳐주고 강희제가 나폴레옹을 능가한다. 세계의 화폐는 10년 안에 위안화가 달러를 대체한다. 중국은 더욱 부지런히 서양 지우기를 할 것이다. 정화(鄭和)가 콜럼버스를 대체하고 골프경기가 1368년 명나라에서 유래됐다며 역사를 다시 쓰자고 우길 것이다.

중국은 자신들이 세계의 중심이라고 여긴다. 세상은 중심을 향하여 돌아가므로 가장 중국적인 방식, 즉 조공제도의 부활을 꿈꾸리라고 본다. 과거식으로 각국 사절이 금은보화를 싸들고 쯔진청에서 무릎을 꿇고 바치는 식을 말하는 것은 아니지만 중국의 우월성에서 나온 질서에 순응해야 한다는 의미다. 한국, 일본 순시선을 들이받은 어부들을 재판도 못하고 돌려보내는 바로 그런 방식이다.

현재 중국의 경제력은 미국의 3분의 1에 불과하고 군사력으론 일본에 단번에 패배할 실력이라고 자크는 평가했다. 그런 정도 실력으로도 중국이 노벨평화상을 뒤엎는 등 요란한데 진짜 세계 일등이 된다면?

아시아뿐만 아니라 세계 각국이 베이징에 조공사절을 보내야 할 것인가. 한국, 일본, 그리고 남지나해의 베트남, 말레이시아는 원하지 않은 중국의 다소 험상궂은 모습을 목격하고 있다. 하드파워적으로는 미국조차 세계의 인심을 얻지 못했으므로 중국은 생각을 바꿔야 하며 한국 역시 깨달아야 할 점이 있다.

첫 째, 중국은 1932년 난징사변을 가장 잊지 못한다. 그 앙숙의 감정은 거친 행동을 만들고 자칫 이웃국가들에 스스로가 앙숙감을 남기지 않는지 경계해야 한다. 북한의 악행을 감싸고 얼굴 생김새가 비슷한 이웃 국민을 "손 봐주겠다"는 식으로 들볶아선 안 된다. 조식(曹植)의 칠보시(七步詩) 교훈을 잘 알지 않은가.

둘째, 한국은 중국 지도부가 "올해 한·중 교역 규모가 2,500억 달러를 돌파했다"고 넌지시, 여러 차례 알려주는 의미의 행간을 읽어야 할 것이다. 과도한 친미론도 해로우며, 중국과의 과도한 교역 의존도도 생존 차원에서 다시 볼 일이다.

셋째, 독일 빌헬름 황제가 1895년에 만든 '황화도'가 부활해 중국과 서방 사이에 대격돌할 가능성이다. 이 그림에는 서구인을 상징하는 천사가 섬광보도를 비켜 들고, 일본의 부처가 중국의 화룡을 타고 검은 구름을 몰며 유럽을 삼킬 태세를 하고 있다. 오늘날 서방과 황화 간의 대결은 환율전쟁, 희토류 공급 조절 등 엄청난 경제적 파열음을 낳을 수 있다. 서방전문가들은 걸핏하면 '투키디데스 함정' 이론을 들고 나온다. 역사적으로 열위였던 국가가 우위의 국가자리를 넘볼 때 반드시 전쟁으로 이어졌다는 그 이론 말이다.

동서의 격돌 전에 당장 중국과 일본이 센카쿠 열도를 놓고 투키디데스 증후군을 보이려 하고 있다.

일본은 왜 멸시당하나

일본열도는 태평양 속으로 훗날 가라앉는다고 빌 브라이슨은 《거의 모든 것의 역사》에 기술하고 있다. 일본은 지난 20년간 뭔가 가라앉는다는 표현의 대명사가 됐다. 후쿠시마 원전타격 이후 리더십 부재로 세계가 조소했다. 〈이코노미스트〉는 "일본은 1980년대 거품붕괴보다 현재의 정치적 마비가 국가를 더 망가뜨리고 있다"고 꼬집었다. 나라 분위기가 이러니 국민들도 자꾸만 가라앉는 행동을 연출한다.

가령 일본 회사원들이 식당에서 밥을 먹지 않고 화장실에서 먹는다는 TV 보도 기사를 놓고 일본사회가 들끓은 적이 있다. 30세를 넘긴 나이에 한 번도 성경험이 없는 남녀의 비율이 30%를 넘는다는 현상도 놀랍다. 초식동물이란 이상한 용어는 잘도 만들어 낸다.

한국의 울릉도에 가겠다고 소동을 피운 일본 의원들을 보고 세계시민들은 뭐라고 할까. 조지 프리드먼은 근래 출간한 《다음 10년》에서

"일본은 한국에 멸시받는 국가"라고 표현하고 있다.

17세기 이후 지구상에서 식민지배가 나타난 이래로 수많은 국가가 지배-피지배의 관계를 가졌는데 그중에서 피지배자에게서 멸시를 받는 국가는 일본이 유일하다. 또한 앙숙지간이 돼 있는 케이스도 유일하다. 한국의 위안부에 보상조차 않고 중국 난징사태에 대해서도 역사상 없는 일이라며 생떼를 쓰기도 한다.

국제 업무를 많이 한 경험이 있는 한 인사는 "국제행사에서 일본 대표단을 만나면 촌스럽다. 어떤 국제회의에서는 아세안을 대표하는 인도네시아보다 발언권이 없다"고 말한다. 걸프전 당시(1991년 1월)에는 가장 많은 전비를 부담하고서도 미국 대통령에게서 전쟁개시일 전화조차 받지 못하는 수모를 겪었다(영국과 이스라엘에는 해줬다).

유치한 일본의 행동을 묵인한 채 어찌 한·일 FTA 협상이 가능할 터이며 일본이 유엔 안보리 상임이사국을 하기 위해 한국더러 표를 달라고 할 것인가. 일본과 가장 가까운 한국이 반대한다면 다른 나라인들 어떻게 편한 마음으로 일본에 표를 주겠는가.

역사에서 일본이 좀 더 멋있을 때가 있었다. 특히 20세기 초에 뛰어난 기량을 보였다. 청일전쟁, 러일전쟁에서 연거푸 강대국을 깨부순 사건에 유럽 열강은 경악했다. 특히 당시 무적함대라는 러시아 흑해함대 격파는 일본을 바로 아시아를 벗어나 유럽 열강과 어깨를 겨루도록 인정해준 사건이었다. 제2차 세계대전 패망 이후에도 경제 부흥으로 미국을 거의 그로기 상태로 몰고 갔다. 레이건이 들어설 때만 해도《일등국가 일본, 이등국가 미국》같은 종류의 서적들이 유행했다.

불행하게도 그 후론 일본은 없다. 지난 100년간 일본이 먹고산 정신은 후쿠자와 유키치의 '문명론의 개략'이었다. 메이지유신의 정신적 스승, 게이오대 설립자, 최고액권인 1만 엔권 초상화에 자리하고 있는 그 인물이다. 그는 협동하여 서양 제국주의의 침략을 막아내자는 중국 쑨원(孫文)의 사상을 배척했다. 청나라, 조선은 미개하여 개, 돼지 수준으로 아무런 도움이 안 되니 아시아를 벗어나 유럽으로 가자고 했다(脫亞入歐). 후쿠자와는 "잡아먹는 자는 문명이고 먹히는 자는 미개한 나라이므로 일본은 (서양의) 문명국민과 함께 좋은 먹잇감을 찾자"고 부르짖어 한일합방의 이론적 토대를 제공한 장본인이다.

그런 자를 최고고액권에 버젓이 넣어놓고 있는 일본과 한국이 어깨동무를 하며 국제적 공조를 하자는 구상은 뼛속까지 들어가면 도저히 결론이 안 나온다.

후쿠자와의 철학은 글로벌 시대에 일본을 초라하게 만들었다. 한국이 1997년 외환위기 당시 일본에 돈을 꾸러 갔을 때 일본은 한국의 불행을 외면했다고 앨런 그린스펀은 회고록《격동의 시대》에 소개하고 있다. 2008년 금융위기 통화스왑 때도 미국, 중국은 15분 만에 결정해줬는데 유독 일본은 시간을 끌며 애를 먹였다(2012년 통화스왑 연장 문제는 독도영유권분쟁으로 물거품이 돼버렸다).

국제사회에서 홀대받는 나라는 경제성장이 안 되고 정권교체가 빈번한 나라다. 일본은 5년간 총리가 6차례나 바뀌어 그 방면 세계 1위다. GDP 성장률은 이탈리아만큼 낮은 수준이다. 국가부채비율은 250%로 세계 수퍼1등 수준이다. 일본이 계속 가라앉으면 한국은 일본을 추월할 수 있다. 자동차, 전자, 조선 분야는 이미 그렇게 되고 있다.

일본, 어디서 길을 잃었을까

〈일본경제신문〉은 '잃어버린 20년'이란 제하의 사설을 2010년 초에 실었다. 1990년께만 해도 《팔려나가는 미국》, 《No라고 말하는 일본》, 《달러가 휴지되는 날》 같은 출판물이 세계 서점가를 휩쓸었다. 일본이 1등이 된다는 얘기였다. 그런 일본이 정점에 들어간 그 순간 길을 잃어버린 것인가? 왜? 그게 필자는 너무 궁금했다. 그래서 나는 일본을 방문했을 때 만나는 사람마다 붙들고 원인을 묻고 답을 구하고자 했다. 노련한 60대 후반의 오마에 겐이치 씨를 만났을 때도 물었다.

"일본은 세계 2등 자리를 43년간 지켜오다 중국에 추월당했다. 쇼크 받지 않았나?"라고 좀 쓴 질문을 퍼부었다. 오마에 씨는 눈도 마주치지 않고 답변을 내놨다. "한국 같으면 환율이 1,000원에서 250원으로 초강세가 되면 기업들이 버티겠는가?" 그 정도만 설명하고 말았다.

그도 나도 그게 답이 못 된다는 사실을 안다. 오마에의 말이 진실이라면 그 플라자 합의 후엔 무역흑자가 나지 말아야 했다. 거액의 적자를 내서 다시 엔화 값이 곤두박질쳤어야 맞다. 그 후에도 일본은 세계 1, 2위를 다투는 흑자국이 아니었던가?

답은 거기에 있지 않았다. 나는 도쿄 한가운데서 짧게는 6년, 혹은 13년간 근무한 비즈니스맨에게서 어렴풋이 답을 구할 수가 있었다. 포스코 일본지사장은 필자에게 수수께끼를 하나 냈다. "일본 직장인이 하루에 얼마 쓴다고 생각합니까?" 나는 재빨리 어림해봤다. '그래도 일본 1인당 GDP가 약 4만 달러이니 30대 중반 가장이라면 8만 달러(약 8,500만 원, 12개월로 나누면 월 700만 원)는 받겠지. 물가가 한국보다 한참 비싸다니 아내가 하루 2만 원꼴, 월 60만 원 용돈 주는 데 인색하겠어?'라고 머리를 굴려 답을 내놨더니 돌아오는 정답 왈, "600엔"이었다. 달랑 600엔 ,즉 6,000원이란다. 도시락 싸가고 지하철 티켓은 회사에서 사주고 600엔은 커피 한 잔 값이라는 것!

삼성 일본지사장의 말은 좀 더 구체적이다. "일본인 직장인들 큰 욕심이 없어요. 대학 나와 기업에 다니고 월급 나오면 론(Loan) 얻어 집 사고 그러면 된다고 생각해요. 몸 망쳐서 승진할 필요 없다고 생각하고 젊은 프리터(Freeter)들은 돈 떨어지면 비정규직으로 몇 푼 벌고 놀고 그런 식이지요." 술좌석에선 일본인들끼리 이런 얘기도 한다. "이러다가 한국한테도 지는 거 아니야? 그때가 되면 한국 기업에 납

품하고 그렇게 살면 되지, 뭐."

연초 라스베이거스 전자쇼(CES)에서 삼성전자는 한가운데 1,000제곱미터 전시관을 얻었는데 소니는 저 모서리에서 500제곱미터짜리밖에 못 얻었다. 심지어 LG에도 밀렸다고 하니 충격은 컸을 것이다.

나는 대략 세 가지 결론을 내렸다.

일본은 세계 1등을 쫓아가는 모방DNA, 함께 먹고 나누는 집단적 DNA 틀에 갇힌 사이 길을 잃었다는 사실이다. 일본 기업의 잉여인력(Overhead)은 35%쯤 되지만 집단의 틀 때문에 정리를 못 한다. '카이젠(改善)'에는 귀신이지만 창의력이 지배하는 세계에서 일본은 어쩔 줄 모르는 것 같다.

조직구성원은 폭삭 늙었다. 사실 일본 대기업 CEO의 연봉은 한국 돈으로 10억 원을 넘는 경우가 거의 없다고 한다. 임원 자리를 존경할 이유가 없고 기업가정신은 실종됐다.

인센티브가 작동하지 않으니 로버트 실러가 주창한 '야성적 충동'은 거세된 사회가 돼버렸다. 여기에다 1등으로 올라선 후 베낄 대상도 없어졌다. 세 갈림길에서 자신이 어디에 섰는지 길을 잃은 지 20년이 된 것이다. 오마에 겐이치는 일본이 집단적 내성주의에 빠진 것 같다고 말한다. 집단적 우울증이겠지.

그렇다면 한국은? 다음 세 가지 물음을 던지고자 한다. 첫째, 세종시에서 보듯 형성된 집단사고를 여하히 수습할 것인가. 둘째, 삼성전자가 1등이 된 후 소니처럼 길을 잃지 않고 뻗어나갈 것인가. 셋째, 일본처럼 인구 감소 후 활력을 잃지 않고 소비가 유지되겠는가.

이집트 이야기

무바라크는 미국이 중동 아랍으로부터 이스라엘 보호장치로 써먹었던 소품의 성격이 강하다. 그가 쫓겨나자 독재의 왕고참들인 예멘의 살레(78년 집권), 리비아 카다피(69년), 오만 차부 국왕(70년)이 차례로 줄초상을 치뤘다.

무바라크로서도 할 말이 많겠지만 그의 존재는 역사적으로 두 가지 측면에서 조명될 것 같다. 하나는 국가 리더의 역할이 얼마나 중요한지, 다른 하나는 국민에게 희망을 주지 않을 경우 말로가 무엇인지다.

무바라크는 중국의 덩샤오핑보다 불과 3년 늦게 정권을 잡았을 뿐인데 오늘날 중국과 이집트를 비교하면 이집트 국민이 화가 안 나겠는가. 무바라크는 인구 8,500만 명에 30세 미만 인구가 3분의 2를 차지하는 젊음이 약동하는 국가를 1인당 국민소득 세계 137위라는 쓰레기통에 처박았다.

이집트 국민들은 지난 10년간 경제개혁, 정치개혁의 바람이 전 세계를 휩쓸고 지나간 것을 알고 있었다. 청년층 실업은 높고 이대로는 희망이 없다는 좌절감이 마침내 분출된 것이다. 무바라크는 미국에서 매년 20억 달러씩 받아먹고, 수에즈 운하에서 50억 달러를 걷어 들이고, 관광에서 100억 달러를 받아들임으로써 아랍 최대 인구를 거지처럼 간신히 입에 풀칠하게 했다.

그러나 이집트를 거론하는 서방 언론은 '자존심 강한 대국'의 면모를 반드시 언급한다. 광장으로 튀어나온 이집트인을 이해하려면 이집트의 역사를 공부할 필요가 있다. 이 나라는 피라미드, 스핑크스를 만들어낸(기원전 2500년대) 조상을 자랑한다. 알렉산더 후예 프톨레마이오스 왕조가 건설한 알렉산드리아 도시는 한때 세계 최대 도시였고 8세기께 이슬람 세계로 편입된 이후 페르시아, 오스만 제국과 더불어 이슬람의 3대 세력으로 군림했다.

세계를 공포에 떨게 했던 몽골 군대를 1260년 아인잘루트 전투에서 대파했다. 또한 살라딘왕은 십자군 전쟁에서 영국 사자왕 리처드와 프랑스 필리페 연합군을 무찌른 중세 최고 영웅이었다. 근대 들어 가말 낫세르는 1952년 민족혁명에 횃불을 높이 들어 범아랍인을 주목시켰다.

그러나 1967년 6일 전쟁, 1973년의 욤키푸르 전쟁에서 이스라엘에 패하면서 이집트 국민은 수렁에서 헤어나오지 못하고 있다. 중동 전체적으로 시야를 넓혀보면 700년께부터 1,000여 년 동안 이슬람은 서양을 압도했다. 이슬람 세계는 유럽 국가들을 무지몽매한 이교도라며 우습게 여길 정도였다. 과학기술뿐만 아니라 모든 분야에서 서양의 교사 역할을 했다는 자부심을 갖고 있었다.

그러나 오스만 제국이 러시아와의 전쟁에서 참패하고 맺은 큐축카 이나르자조약(1774년) 이후 영광을 잃어갔다. 나폴레옹의 이집트 점령 이후 완전히 맛이 갔다. 1·2차 세계대전 때 중동과 북아프리카의 아랍 땅은 그야말로 교전 당사국들이 총탄과 대포를 들고 드나드는 동네 놀이터를 방불케 할 지경으로 전락했다.

일찍이 한 문명이 이토록 크게 패퇴한 적이 없다. 현대화에 실패한 그 틈바구니를 아랍연맹 22개국의 독재자들이 왕좌에 올라 30~40년씩 세계화와 개혁의 트렌드를 외면했다. 그 사이 이슬람인들의 좌절감, 서유럽에 완전히 패배했다는 모멸감은 알카에다 같은 테러리즘으로 나타나고 있는 것이다.

카이로 타흐리르 광장의 분노는 이집트에 국한된 문제는 아니다. 쿠웨이트, 예멘, 오만, 요르단, 사우디아라비아 등 3억 5,000만 명 이슬람 전체 분노의 마그마가 기저에 자리 잡고 있다.

역사상 이집트는 중동의 풍향을 가르는 함수였다. 아랍 세계 전체를 뒤흔드는 횃불이었다. 무바라크라는 '파라오' 체제가 민주세력으로 교체되면 판 전체를 뒤흔들 변수가 될 수도 있을 것이다. 인류의 기원을 만들어낸 두 개의 문명, 즉 이집트 문명, 메소포타미아 문명이 다시 한 번 판을 바꾸면 모두에게 득이 될 것이다.

미국경제가 강한 까닭

2008년 금융위기가 할퀴고 지나간 다음 2009년 3월 초 향후 '세계경제는 어느 방향으로 갈까?'라는 국민보고대회에서 〈매일경제신문〉이 정한 토픽은 '부러진 날개(Broken wing) 모델'이었다. 금융·재정정책을 동원하여 반짝 회복세로 돌아선다 해도 동력(Demand) 부족으로 다시 꺾인다는 논리였다. 이 발표를 보고 어떤 은행장은 내게 물었다. "2011년 중반까지 2차 추락한다니 암울하고 깜짝 놀랐어요. 매경은 정말 그렇게 나쁘게 봅니까?"

그 다음날 장 클로드 트리셰 ECB 총재는 "2010년부터 세계 경제가 온건한 성장세를 보일 것"이라며 좀 더 낙관적인 생각을 제시했다. 솔직히 나는 당시 트리셰가 의당 맞겠지 생각하였다.

그 이후 어떤 과정이 진행됐는지 독자들은 잘 알 것이다. 사실 미래를 맞추기는 너무 어렵다. 2008년 위기에서 나라마다 경제가 망가진 사정이 달랐다. 가령 스페인이나 아일랜드는 부동산이 지나치게 맹위를 떨쳐 투기 때문에 망가졌다.

부동산 분야에 종사하던 노동력이 무려 30%에 달했는데 그들 대부분이 직장을 잃었다. 미국은 월가 금융 일자리가 가장 많이 사라졌다. 헝가리, 라트비아 등 동유럽은 제조업 일자리가 말라붙었다.

만약 경제가 회복된다면 각 나라에서 부서졌던 산업들이 어느 날 아침 말짱하게 복원될 것인가? 그럴 수는 없다. 과거의 일자리는 과거의 얘기다. 오즈의 마법사의 주인공 도로시가 유리구두의 힘을 빌려 고향 땅으로 날아간다고 해도 예전의 마을과 사람들은 이미 사라지고 없는 것이다.

당시 〈매일경제신문〉과 함께 국민보고대회를 치렀던 AT커니의 폴 로디시나 회장은 좀 더 재미있는 얘기를 들려줬다. 온 세상을 한 바퀴 돌고 온 그는 "사우디아라비아는 정부 주도로 운용하는 자신들의 방식이 맞다고 하고 미국식 카지노 자본주의의는 실패했다고 말한다"고 운을 뗐다. 두바이의 하늘을 가리던 크레인들은 완전히 멈춰 섰더라고 한다. 쿠웨이트는 발주한 공사를 취소해 체면을 구겼다.

그는 위기 이후 세계는 통합보다 친디아, 중동 등 지역별로 분화하여 발전할 것으로 내다봤다. 오바마의 미국은 백악관과 외부의 소통이 예상 외로 부진한 점을 지적했다. 미국도 위기를 잘 다스리지 못해 허둥대는 모습이다. 그럼에도 로디시나는 이번 경제위기의 승자는 또 미국이 될 것으로 내다봤다.

그 이유는? 유럽은 벤처가 망해버려 기회가 없고 미국은 현재는 실패했지만 재창조(Reinvention) 능력이 탁월한 점을 이유로 꼽았다. 슘페터의 '창조적 파괴', 이것이야말로 다시 한 번 인류의 핵심에 선 것이다.

《흔들리는 세계의 축》으로 갑자기 주목받은 파리드 자카리아도 "잘 안 되는 시스템은 철저히 부숴버리고 새로 시작할 줄 아는 힘 때문에 미국은 일본보다 강하다"고 강조했다. 일본은 그것을 못해 '잃어버린 10년'이란 부끄러운 브랜드를 얻었다.

중국의 고위관리들은 "이번 위기가 지난 다음 누가 먼저 일어서나 보자"고 큰소리친다고 한다. 이 난리통에 해외 에너지 업체를 쇼핑하듯 사들이는 나라는 중국뿐인 것 같다.

당시 한국의 전략은 뭐였을까. 잡셰어링과 녹색성장 같은 것으로 대충 때웠다. 가령 잡셰어링이란 것도 고용 유연성 문제로 정면 도전해야지 앞길이 구만리 같은 대졸생을 은행창구에 데려다 놓고 고객에게 절을 시키며 용돈이나 주는 것은 부끄러운 처사다. 대졸 초임을 삭감하고 숨어버린 이명박 전 대통령의 정책은 지금 생각하면 비겁한 처사였다.

샤덴프로이데

2008년 리먼사태로 미국이 땅바닥을 나뒹굴었다. '전 과목 All A+'라고 뻐기던 미국이 말이다. 영어, 군사, IT, 우주항공… 뭐 하나 못하는 게 없고 특히 금융 과목은 천하 초절정 고수라고 공언했는데 바로 그 과목에서 F가 나왔다. 월가가 망했다. 월가인들은 미국 GDP의 40%를 벌어들인다며 몇억 달러는 우습게 연봉으로 챙겼으니까 심지어 미국인들조차 그들을 싫어했다.

그러니 월가 때문에 맨날 주눅 들었던 유럽 국가들은 어떻겠는가. "네(미국)가 피눈물(Schaden)을 흘리니 나(프랑스, 독일)는 정말 고소해(Freude) 죽겠어."

샤덴프로이데(Schadenfreude). 고통(샤덴)+기쁨(프로이데). 인간심리의 원초적 본능을 담은 정반대의 두 단어를 합산한 이 기묘한 낱말은 리먼사태 직후 유럽과 미국의 매스컴에 가장 자주 등장했다.

"월가가 첨단 금융공학으로 이 세상을 떡 주무르듯 한다고, 그리하여 미국을 먹여 살리는 전위대라고 큰소리칠 때 우리(유럽 국가)가 뭐랬나. 조심하라고 그랬지. 시장은 항상 옳고 자유방임주의가 최고라고?(사르코지 프랑스 전대통령) 탐욕이 선(善)이라고?(슈타인브뤽 독일 당시 재무장관) 정부의 역할이 필요한 거고 금융은 적당한 규제가 필요한 거야!"

프랑스, 독일은 미국에 삿대질하느라 아주 신바람이 나버렸다.

샤덴프로이데는 한국과 일본 사이에서도 흔히 발견되는 감정이다. 이상하게도 환난과 독도가 어우러지는 묘한 핸디캡도 있다. 1997년 외환위기 조짐이 있을 무렵 일본 총리가 "독도는 일본땅"이라고 망언했다. 김영삼 전 대통령은 "버르장머리를 고쳐주겠다"고 폭발했고 직후 환난이 터졌다. 일본은 한국이 "달러 좀 꿔달라"는 SOS에 모른 척했다.

2~3년 간격으로 등장하는 일본관리들의 독도 발언 때문에 한국인과 일본인은 마음속으로 감정적인 주먹을 날린다. 그리고 한국이 외환 크런치로 몰리는 상황이 오면 한국의 대통령이 "한·중·일 금융공조를 추진하겠다"고 발표해도 일본 측은 콧방귀를 뀌었다. 속으로 외칠 게다. "샤덴프로이데"라고.

2008년 10월은 역사에 뭐라고 기록될까. 금융공황? 한때 우등생이었던 국가들이 줄줄이 망신을 당했다. 아이슬란드, 아일랜드 같은 나라들. 파키스탄, 포르투갈도 이상하게 됐고 러시아의 장밋빛 환상도 구겨져 버렸다. 미국이 크게 망신당하고 한국도 약간 창피를 당하고 뭐, 그랬다.

그러면서 이웃의 불행은 나의 축복인 듯 "샤덴프로이데"라며 나직이 외친다. 가장 아름다운 감정은 남의 불행을 함께 아파해 주는 거다. SOS 칠 때 손을 내밀어 도와주는 거다. 그리고 진정 남을 비웃을 때 '뭐 묻은 개가 재 묻은 개 나무라는' 식이 돼선 곤란하지 않을까. 그 후 남유럽사태가 나고 그들이 미국을 냉소한 과거를 생각하면 미국은 가소롭다 할 것이다. 유럽은 중상을 당하고 말았다. 유럽, 미국, 일본이 동시에 구제 조치를 내야 할 정도로 함께 내동댕이쳐졌다.

금융위기에서 유럽과 미국 누가 먼저 소생할까 시합 같은 게 벌어졌다. 미국인과 유럽인의 몸속에 흐르는 승부사 기질 DNA는 판이하다. 유럽인은 직장을 권리이자 행복 입장권으로 생각한다. 미국인은 인생의 기복, 심지어 파산도 견뎌야 한다고 생각한다. 유럽의 모든 약자는 국가의 '보호' 대상이다. 농민, 학교, 기업, 취약 산업(예컨대 이탈리아의 직물) 모두가 어린애다. 미국은 개방과 경쟁이다. 유럽은 유능한 인재들의 이민을 막고 대학은 평준화다. 미국의 A급 대학 교수의 3분의 1은 유럽인이고 유럽의 우수학생은 미국으로 넘어간다. 유럽인은 휴가를 6주간 가고 60이 넘으면 은퇴해야 한다고 생각한다.

미국인은 보수만 많이 주면 일을 더하고 은퇴란 내 사전에 없다고 말한다. 유럽인은 실업자와 가난을 보면 가슴 아파하고 국가가 책임

274

져야 한다(큰 정부). 부자가 더 세금을 내는 것은 당연하다. 미국은 기회는 공평하므로 자신 스스로 책임져야 하고 세금 인상은 질색이다. 유럽인은 평생 한 직장만 다닌다. 미국인은 직장이동은 능력과 보수 증가의 발현으로 간주한다. 이상은《유럽의 미래》란 책에서 발췌한 대서양 양안인들의 특성 몇 가지를 열거한 것이다. 저자는 하버드대 석좌교수인 알베르토 알리시나인데, 이탈리아 출신이다.

자고로 유럽인들은 산업화 단계에 마르크스의 영향을 받아 계급은 뛰어넘을 수 없다는 숙명론에 푹 젖은 사람들이다. 그래서 100년 이상 미국을 벤치마킹하는 것으로 만족했다. 미국은 이게 아니다 싶으면 모든 것을 형해화해버린 다음 뚝딱 다시 만들어 낸다. 1980년대 일본에 질 기미가 보일 때 그랬다. 금융위기 이후 3~4년이 경과하고 미국과 유럽 중 누가 웃었는가? 중국은 "전 세계 좋은 자산은 전부 우리 수중에 떨어져 있을 것"이라고 숨어서 웃었다. 한국과 일본의 경기는 지속된다.

최후의 샤덴프로이데는 누가 말할까.

성장종말론

성장은 끝나는가. 노스웨스턴대의 로버트 고든, 생산성의 대가인 그는 도발적인 논문에서 이 문제를 꺼냈다. 그는 논문에서 성장은 무한 지속된다는 전통관점을 뒤집는 데 도전한다.

긴 역사에서 성장은 일어나지 않았다. 인구증가로 무슨 성장이 이뤄졌다는 거지? 그러던 중 18세기 중반 뭔가 일이 벌어졌다. 가장 생산적인 국가에서 1인당 소득이 영국은 1900년, 미국은 그 이후에야 가속화됐다. 생산성 성장의 꼭대기는 제2차 세계대전이 끝나고 25년 후에 도달했다. 그 이후 1996~2004년에 다시 반짝 좋아지긴 했지만 다시 성장률 저속화시대가 됐다. 2011년 미국 시간당 생산은 1950~1972년 트렌드에 비하면 3분의 1이 낮아진 것이다.

고든은 21세기 성장률은 더욱 쪼그라들어 0수준에 수렴할 것이라고 전망한다. 2100년에 가면 인류 1인당 소득 8만 2,000달러 정도에 이른 후 정지할 것이다. 미래는 모르는 일이지만 고든의 핵심논점은

'성장이라고 하는 것은 발견과 개별기술 활용이 주도해왔다'는 거다.

    특히 범용 기술이야말로 인류의 삶을 넓고 깊게 발전시켰다. 지난 19세기 기술발전과 적용은 20세기 생산성 폭발로 연결됐다. 가령 전기, 내부연소 엔진개발, 상하수도, 라디오, 전화등 통신, 화학 석유… 이런 것들이 제2차 산업혁명을 촉발시켰다. 제1차 산업혁명은 1750~1850년 영국에서 증기기관차를 필두로 시작됐다. 오늘날은 50년간 진행된 제3차 산업혁명의 시대다. 이는 정보혁명시대로 컴퓨터, 반도체, 인터넷이 주도하고 있다.

    고든은 제2차 산업혁명이 경제, 사회에 1차나 3차에 비해 인류역사에 있어 훨씬 심원한 임팩트를 줬다고 주장한다. 차량운송이 동물운송을 대신하고 스피드혁명을 가져오고. 상수도가 수자원을 바꾸고 기름 가스가 석탄과 나무를 대신하고, 전깃불이 초를 대신하고 전자기기들이 통신, 오락, 노동을 바꿨다. 산업화는 도시화를 이룩하고 인간의 기대수명을 높였다.

    수명연장의 속도는 20세기에 그 이전 세기에 비해 3배나 빨리 올라갔다. 제2차 산업혁명은 생산성 증대만이 문제가 아닌 아메리카, 유럽, 일본 등의 삶 자체를 송두리째 바꿨다.

    수많은 변화는 딱 한 번에 걸쳐 거대한 발자국으로 이뤄진다. 말 타고 했던 여행은 제트비행기로, 50년 이전부터 딱 그 자리에 온 후 새로운 진전은 없다. 도시화도 딱 한 번에 걸쳐 진행된 후 새로운 모습이 안 보인다. 어린애 수명을 3배로 높이고, 실내온도를 올리고, 주부를 힘든 가사노동에서 해방시켰다. 컴퓨터로 인한 노동감소는 수십 년 전에 겨우 달성된 것이다. 1990년대는 엄청난 생산성 증가의 시대였다. 그러나 효과는 이제 끝나가고 있다.

2000년대 들어 정보혁명은 정보와 통신 기구를 활용하여 왔다. 당신은 2002년 개발된 똑똑한 디바이스를 쓰면서 상수도, 수세식 화장실도 쓴다. 페이스북에 갈겨댄다. 그것이 당신을 바꿨나. 아닐 것이다. 만약 첨단전자제품과 상수도 중 하나만 사용하라 한다면 뭘 쓰겠는가. 아마 나는 새 발명품을 포기할 것이다.

전반적인 혁신이 한 세기 전보다 느려지는 것은 심각한(Impelling) 문제다. 이런 분석은 무슨 의미를 주는가?

첫째, 미국은 생산성 면에서 글로벌 선두그룹에 여전히 있다. 선두그룹 국가들의 앞선 정도가 느려지고 후발그룹의 따라잡기(Catch-up) 속도는 더 빨라질 것이다.

둘째, 자원이 허용한다면 따라잡기가 세계경제 고성장을 상당기간 드라이브할 것이다. 지금도 개도국 1인당 소득(실질구매력)은 미국의 7분의 1에 불과하다.

셋째, 성장은 단지 인센티브로만 되는 것이 아니다. 그것은 기회에 더 많이 달렸다. 선두권 국가들의 생산성 증가가 더 이뤄지는 건 오직 올바른 혁신이 일어날 때만 가능하다. 향후 50년이 흘러도 운수와 에

너지기술은 거의 향상될 턱이 없는 수준까지 이미 발전해 있다. 세금을 낮춰주고 금리를 낮게 해줘도 방법이 없다.

고든은 여성의 경제활동 참가 증가로 인한 인구 배당 (Demographic devidend)의 역류, 베이비붐 감소와 교육 수준의 저하, 99% 인간들의 생활수준 저하가 인류 삶의 수준을 끌어내리는 기재로 작용할 것이라고 보았다. 또한 장애물 가운데는 글로벌화, 자원비용 상승, 재정적자 증가, 개인부채 증가도 포함될 것으로 보았다.

고든은 결과적으로 엘리트 축에 못 드는 자들의 실질가처분소득 증가는 점차 느려졌다가 아예 기어가는 상태가 될 거라고 전망한다. 이미 그렇게 되고 있다. 비슷한 현상이 선진국에도 일어나고 있다. 200여 년 동안 오늘날의 고소득 국가들은 혁신의 물결을 향유하여 부자가 되고 훨씬 강력한 지위를 즐겼다. 이것이 아메리칸 드림이었고 미국의 예외주의였다.

하지만 지금 혁신은 느려지고 경제 따라잡기는 가속화되고 있다. 고소득 국가의 엘리트들은 새로운 세계에서 이런 꼴이 된다. 대다수 국민들은 이미 그런 데 익숙해졌다.

그 트렌드는 변하지 않을 것이다.

모나리자 가격은 얼마인가?

초판 1쇄 2013년 3월 30일
2쇄 2013년 5월 10일

지은이 김세형
펴낸이 성철환 **책임PD** 권병규 **펴낸곳** 매경출판㈜
등 록 2003년 4월 24일(No. 2 – 3759)
주 소 우)100 – 728 서울 중구 필동1가 30번지 매경미디어센터 9층
홈페이지 www.mkbook.co.kr
전 화 02)2000 – 2610(편집팀) 02)2000 – 2636(영업팀)
팩 스 02)2000 – 2609 **이메일** publish@mk.co.kr
인쇄 · 제본 ㈜M – print 031)8071 – 0961

ISBN 978 – 89 – 7442 – 919 – 5(03320)
값 16,000원